Second Edition

SMART
LEARNING

송영수 · 이찬 편저

박영사

2nd edition

SMART LEARNING

2013년 8월 30일 초판 발행
2015년 9월 5일 제2판 인쇄
2015년 9월 15일 제2판 발행

편저자	송영수·이찬
펴낸이	안종만
펴낸곳	(주)박영사
주소	서울특별시 종로구 새문안로3길 36, 1601
대표전화	02)733 - 6771
팩스	02)736 - 4818
이메일	pys@pybook.co.kr
	www.pybook.co.kr
출판등록	1959. 3. 11. 제300-1959-1호(倫)

정 가   15,000원

Second Edition

SMART
LEARNING

송영수 · 이찬 편저

박영사

▼Learner-Centered Ⅰ, 2014

CONTENTS

화보

▲ Invitation, 2015

서문 Ⅰ

21세기 이후 불과 10여 년 만에 글로벌 기업들의 부침이 심하다. 한 시대를 주름잡았던 기업들이 불타는 승강장(burning flatform)에서 위기를 맞은 이유는 무엇일까? 그것은 그들이 게으르거나 어리석어서가 아니라 변화에 도전하지 않고 과거의 성공 경험에서 벗어나지 못하는 활동적 타성(active inertia)에 젖기 때문이다. 반면 세계 경제가 저성장 상시 위기 시대에 진입했다고는 하나 오히려 지속적으로 최고의 성과를 창출하고 있는 기업들의 사례도 많이 있다. 결국 성장이냐 퇴보냐의 갈림길은 외부 환경 요인이라기보다는 내부 요인이 더 많다. 스스로 어떻게 결정하고 대응하느냐에 달려 있는 것이다.

기업 내 인적자원개발(Human Resource Development: HRD) 부문도 예외가 아니다. 지식경제를 넘어 창조경제 시대로 전환되면서 인적자원의 중요성은 그 어느 시대보다도 강조되고 있다. 이제 기업 간 경쟁은 본격적인 인재 전쟁으로 볼 수 있다. '기업은 사람이다'라는 진정성이 경쟁력의 관건인 시대가 된 것이다. 기업 경영환경의 변화는 경쟁력의 원천이 창의력, 다양성, 글로벌 역량 등 구성원들의 잠재역량을 개발하는 집단지성(collective intelligence)과 유연한 조직문화를 통해 변화에 대응하는 학습 민첩성에 달려 있다고 본다. HRD의 목적도 기업의 미래가치 창출과 경영층의 전략적 비즈니스 파트너로 강화되고 있으며, HRD는 조직문화를 유지·변화시키는 구심점 역할을 담당하고 있다. HRD의 주요 고객 역시 종래의 종업원 중심에서 경영층, 차세대 리더 및 인재육성, 주요 고객 등으로 확대되는 등 전반적인 HRD 패러다임의 전환이 요구되고 있다.

더욱이 IT 혁명에 따른 Web 3.0 시대의 도래는 전통적인 온라인 교육환경과 실행전략을 근본적으로 바꾸어 놓고 있다. 필요한 지식과 정보를 습득하여 성과를 창출하는 것에 있어서 70:20:10의 학습모델이 세계적으로 보편화되고 있다. 필요한 지식과 정보를 습득하는 방식이 무형식학습(informal learning) 70%, 상사코칭 20%, 그리고 오프라인식 전통적 교육이 10%라는 것이다. 결국 핵심은 그동안 많은 기업이 집중해 왔던 10%와 20%를 넘어 무형식학습 70%에 경쟁력이 달려 있다는 점이다. 통상 온라인학습으로 일컬어져 왔던 무형식학습은 이제 스마트 시대를 맞아 새로운 도약의 기회를 맞고 있다.

이미 일상생활과 경영의 방식으로 먼저 자리 잡기 시작한 스마트 시대는 기업 HRD 분야에도 기회이자 위기가 될 수 있는 전략적 선택 국면으로 다가오고 있다. 전통적으로 시키고 받으며 타율적으로 학습된 무기력자(learned helplessness)를 양산할 것인가 아니면 변화에 능동적으로 도전해 나가는 기업가적 학습자(entrepreneurial learner)를 육성할 것인가가 이슈가 되고 있다. 따라서 HRD 조직의 역할도 변화하고 있다. HRD 조직은 주로 전략을 수립하고 학습 아키텍쳐 및 학습환경을 제공하면 경영현장에서는 리더와 조직구성원 스스로 학습을 통해 성과를 창출하는 역할로 구분되고 있다. 이와 같이 디지털 시대를 넘어 스마트 시대의 도래는 인터넷이 바꾼 학습혁명처럼 새로운 학습방식으로의 변화를 요구하고 있다. 스마트러닝은 도전적이고 자기주도 학습자를 위한 구체적이고 실질적인 솔루션이 될 수 있다.

기업 HRD에 실용학문으로 기여해 온 교육공학 분야도 예외일 수 없다. 20세기 행동주의 중심의 교육으로 각광을 받았던 수많은 이론과 모델은 구성주의로 전환 및 확대되었으며, 교육 전달 방식도 시키고 받는 전통적인 훈련방식에서 스스로 학습에 책임을 지는 자기주도학습으로 전환이 되었고 나아가 현장 성과중심의 접근으로 강화되고 있다. 온라인 교육 또한 공급자 중심의 접근에서 벗어나 개인이 필요한 콘텐츠를, 언제, 그리고 어디서나 학습이 가능하다는 차원에서 학습자 중심의 스마트러닝(smart learning) 시대로의 전환을 서두르고 있다.

본 내용은 하드웨어적으로는 스마트러닝과 다양한 IT기술의 활용 및 적용방법을 설명하고 있으며, 소프트웨어적으로는 스마트러닝 도입방법부터 추진전략 그리고 기업들의 다양한 적용사례들을 제시하고 있는 등 두 가지 접근을 모두 적용했다는 차원에서 의미가 있다고 본다. 따라서 본 내용은 HRD와 교육공학을 연구하는 전문가들에게 학문적으로 도움이 될 뿐만 아니라, 기업현장에서 스마트러닝의 도입 및 활성화 방안을 고민하는 HRD 실무자들에게도 실용적으로 가치가 있다고 생각한다. 본 내용이 스마트러닝의 새 시대를 여는 입문서이자 지침서가 되길 기대한다.

송영수
한양대학교 교육공학과 교수

서문 II

　인적자원개발(HRD) 분야에서는 이미 제2차 세계대전 당시 등장한 '산업 내 훈련(Training Within Industry: TWI)'과 함께 조직의 경쟁우위 확보 및 유지를 위하여 지식과 기술의 생성, 축적, 공유, 활용을 위한 과정으로서 형식학습(formal learning)을 보다 체계적으로 구조화하기 위한 노력들이 이루어져 왔다. 이러한 형식학습이 개인의 역량개발에 이바지했다는 것은 자명한 사실이지만 점차 형식학습만으로는 기하급수적으로 팽창하는 지식과 정보를 습득하기가 쉽지 않게 되었고, 상시 학습 시대의 도래에 따라 직원들의 교육 참여로 인한 업무공백은 조직의 새로운 가슴 앓이가 되었다.

　따라서 HRD 전문가들은 형식학습 이외의 새로운 해답을 찾기 시작했고, 임직원들의 교육 참여에 따른 업무 시간 손실을 최소화하면서도, 필요한 학습내용을 시간과 공간의 제약 없이 가르치고자 하는 의도에서 탄생한 것이 바로 '이러닝(e-learning)'이었다. 이러닝은 컴퓨터와 웹을 기반으로 강의실에 묶여 있던 학습자들을 일터와 집으로 불러들였고, 이에 인적자원개발 분야에서는 새로운 학습 패러다임이 열리기를 기대했다.

어느덧 21세기가 도래했고 이러닝이 우리나라에 본격적으로 활용되기 시작한지도 어언 15년 남짓한 세월이 흘렀다. 이러닝은 조직의 학습양상을 변화시키는 데 많은 기여를 했지만 여전히 조직에서 일과 학습의 통합, 그리고 이를 통한 성과의 창출이라는 기대를 충족시키기에는 2%의 부족함이 있었으며, 일례로 임원들을 대상으로 한 리더십 이러닝 과정 후에는, 바쁜 임원들을 대신하여 이러닝을 대리 수강한 비서들의 리더십이 향상되는 웃지 못할 촌극이 벌어지기도 했다.

세계적인 경영컨설턴트이자 교육학자로서 이러닝 분야에서도 활발히 연구를 수행하고 있는 마크 로젠버그(Marc J. Rosenberg) 박사는 그의 저서 「Beyond E-Learning」에서 이러한 이러닝의 단점을 비판하였다. 로젠버그 박사는 그간의 이러닝은 형식학습의 보조수단에 불과하며 실제 이러닝이 기존의 교육훈련방식에서 벗어나 현업에서 이루어지는 학습을 실현하기 위해서는, 형식적 학습환경과 무형식적 학습환경이 통합된 새로운 블렌디드 학습(blended learning) 환경을 구축해야 한다고 역설하면서 스마트기업(smart enterprise)의 개념을 소개하였다.

스마트기업이란 학습을 통해 회사의 비즈니스 가치를 높이는 조직으로, 기업 내 학습문화가 번성한 특징을 갖고 있기도 하다. 로젠버그 박사가 제시한 스마트기업의 학습모델은 이러닝을 중심으로 온라인 환경에서의 교육훈련, 지식창고와 같은 정보저장소, 실천공동체(CoP), 전문가들과의 네트워크 등과, 오프라인 환경에서의 교육훈련, 멘토링 및 코칭, 성과관리 등이 상호유기적으로 연결되어 일터에서의 학습과 성과를 추구하는 형태이다. 하지만 기존의 이러닝은 이러한 학습환경을 구축하기에는 적지 않은 한계점들을 드러냈고, 스마트기업은 한동안 개념적 모델로서 책 속에 갇혀 있을 수밖에 없었다.

그러나 최근 정보통신기술이 발달하면서 지식기반 사회에서 조직구성원들이 지식과 정보를 자기주도적으로 공유, 전달, 통합하여 새로운 지식을 창출하는 '창조적 사회'와, 상호 간에 자유롭게 대화하는 '소통의 사회'가 도래하면서 학습의 형태 또한 진화하기 시작했다.

바야흐로 스마트폰 시대이다. 스마트폰 중독이라는 말까지 나올 정도이다. 하루가 다르게 휴대폰은 진화하여 글자 그대로 점점 스마트해지고, 그에 따라 스마트폰에 할애하는 시간도 점점 늘어나고 있는데, 그리하여 정녕 우리도 함께 스마트해지고 있는 것일까? 이제는 그 실질적인 활용도와 효과에 대해서도 관심을 둘 때가 되었다.

지금은 손 안의 스마트기기 하나로 업무 수행시 필요한 학습 내용(적재: 適材)을 궁금한 때에(적시: 適時) 그 자리에서(적소:

適所) 학습할 수 있게 되었고, 학습자와 교수자, 학습자와 학습자, 혹은 학습자와 제3자 간의 자유로운 지식공유와 창출이 가능해졌다. 즉, 스마트러닝(smart learning)이 대두됨에 따라 스마트기업에서 추구했던 이러닝의 역할이 한층 더 업그레이드된 것이다. 앞으로는 우리가 원하든, 원치 않든 간에 스마트러닝은 조직학습의 핵심적인 역할을 수행할 것이다.

최근 스마트러닝이 화두가 되고 있기에 여기저기서 언급되고 있지만, 막상 스마트러닝의 구체적인 실제 사례들을 찾아 이해하기가 아직은 생각처럼 쉽지 않다. 과연 스마트러닝이란 스마트폰, 스마트패드 등 스마트기기를 통해 학습 콘텐츠를 전달받는 것만을 의미하는 것인가? 그렇다면 결국 스마트러닝은 이러닝의 콘텐츠를 스마트기기에 옮겨온 것 외에 무슨 차이가 있을까? 스마트러닝을 통해 스마트기업을 구축하기 위한 핵심성공요인은 무엇일까? 현업에서 일하며 배움을 추구하는 '일터학습(workplace learning)'은 스마트러닝과 어떤 관련이 있는 것일까?

이제 우리는 본 저서를 통해 이러한 일련의 궁금증들을 해소하며, 일과 학습에 있어서 스마트러닝이 우리에게 어떤 의미를 안겨 주는지 살펴볼 수 있을 것이다. 대한민국을 대표하는 글로벌 기업에서 HRD 실무를 쌓은 두 명의 교수들이 ㈜인더스트리미디어 및 박영사와 함께 정성을 모아 발간하는 이 책은, 스마트러닝의 개념을 논하는 것과 더불어 현재와 미래에 스마트러닝이 조직에서 어떠한 역할을 수행해야 하는가에 대한 비전을 제시하고자 한다.

  스마트러닝 최적의 이미지를 위한 표지 디자인에서부터, 다양한 기업들의 우수 사례 및 삽화 한장 한 장, 개념 하나 하나에 이르기까지 무수히 많은 논의와 창작의 협업이 스며든 본 저서를 통하여, 진정한 의미의 일터학습(workplace learning)을 구현하기 위한 스마트러닝과 성공의 동반자로 거듭나기를 바라며, 일과 학습의 통합으로 성과를 추구하는, 스마트기업을 꿈꾸는 우리 모두의 마음 속에 희망의 꽃씨를 심을 수 있기를 기대해 본다.

이찬
서울대학교 산업인력개발학 전공 교수

전략

1

▼An Episode, 2010

왜
스마트러닝인가

글로벌 선진기업의 교육철학

온라인 기업교육 측면에서 글로벌 선진기업들이 가지는 장점은 크게 네 가지 정도로 요약할 수 있다. 첫째, 개인화를 통한 자기주도학습이 가능하다(personalizing). 각 개인의 직무 프로파일을 시스템에 등록해 놓으면 본인 스스로 필요한 교육을 적기에 학습할 수 있다. 둘째, 검색이 용이하다(connected). 표준화된 콘텐츠와 메타데이터를 통해 최소한의 시간으로 콘텐츠를 찾아서 학습함으로써 학습 이후 신속한 업무처리가 가능하다. 셋째, 학습과 업무의 일체화를 꾀할 수 있다(embedding). 20~30분의 짧은 단위 콘텐츠를 통해 필요한 부분만 신속하게 학습할 수 있으며 학습을 곧 업무처리의 일부분으로 통합할 수 있다. 넷째, 온라인 교육의 비중을 높여 저비용 고효율의 구조를 지향하고 있다

(low cost). 글로벌 선진기업들은 고비용 구조의 대면 교육을 최소화하고 시간과 장소의 제약이 없는 온라인 교육 비중을 지속적으로 확대하고 있다. 이런 목적으로 교육의 95% 이상을 온라인으로 운영하는 IBM은 최근 본사 연수원마저 없애버렸다.

한국 기업교육의 장점

하지만 한국 기업들의 수준이 더 나은 부분도 많다. 온라인 교육의 핵심에 해당하는 콘텐츠가 바로 여기에 해당한다. 지난 15년간 우리 정부의 온라인 기업교육 지원에 힘입어 기업교육 콘텐츠는 선진화된 교수설계 기법이나 디자인 역량, 품질 대비 저비용 구조, 그리고 규모적 측면에서 전 세계 어디에 내놓아도 손색이 없는 훌륭함 그 자체가 되었다. 즉, 위에서 제시한 글로벌 기업들의 네 가지 장점들인 개인화, 검색, 학습과 업무의 일체화, 저비용의 달성이 모두 교육 콘텐츠보다는 교육의 전달 방식과 관련되었다는 점에서 한국 기업들은 이제 이 훌륭한 콘텐츠를 학습자들에게 어떻게 전달할 것인가 하는 전달 방식의 개선만으로도 세계 최고의 온라인 기업교육 수준에 도달할 수 있다는 의미이다.

스마트러닝을 통한 전달방식의 혁신

그동안 글로벌 선진기업들은 온라인 교육 서비스의 전달 방식을 혁신하기 위해 많은 시간과 예산을 투자해왔다. 하지만 이제 그러한 희생 없이 선진수준으로 다가갈 수 있는 기회가 왔다. 전달방식에 대변혁을 몰고 온 스마트러닝의 출현 덕분이다. 스마트기기나 웹 등 다양한 디바이스를 활용하여 단위별로 독립된 콘텐츠들을 언제 어디서나 쉽게 검색하고 개인별로 필요한 내용을 저비용으로 학습함으로써 업무생산성에 직접적인 영향을 미치는 스마트러닝은 이제 기존의 온라인 직무교육 서비스를 대체할 만한 위력을 지니고 있다. 제한된 시간과 장소에서 자신이 필요로 하지 않는 내용까지 한 달에 평균 10시간 이상 반드시 학습해야 하고, 핵심적인 학습 내용에 대한 검색과 직접적인 접근이 불가능하며, 상대적으로 고비용 구조인 한국기업의 온라인 직무교육 시스템을 혁신할 수 있는 적극적인 대안이 될 수 있다는 것이다.

물론 스마트러닝을 위해서는 콘텐츠 표준화를 위한 형식 및 디자인 변경, 메타데이터(metadata) DB 구축, 운영 애플리케이션의 개발, 사용자 경험에 기반한 UI(User Interface) 디자인 등 많은 투자가 수반되어야 한다. 그러나, 기업교육 담당자의 입장에서는 이미 개발된 외부 스마트러닝 서비스를 자체 직무교육 서비스로 활용할 수 있는 대안을 가지고 있다. 이 경우에는 스마트러닝 활용에 대한 기본전략수립, 자체 콘텐츠의 변환과 운영방안, 학습성과의 새로운 측정기준, 저비용 달성을 위한 기존 교육 시스템의 전환방안 등에 대해 구체적으로 고민할 필요가 있다.

혁신에의 동참 필요

이제 기업교육 담당자들은 스마트기기의 등장으로 인한 코페

르니쿠스적 변혁에 주인공으로 동참해야 한다. 지금까지 익숙했던 온라인 직무교육체계를 바꾸고 구성원들이 이에 적응하도록 변화를 이끌어내야 한다. 손정의는 '소프트뱅크 신30년 비전'에서 '땅에 발이 붙은 혁명이란 없음을 유념해야 한다'고 했다.

▼Micro-Moments, 2015

스마트러닝 확산과
키워드

이제 PC 시대가 저물고 'Mobile first'도 아닌 그야말로 'Mobile only' 시대가 다가왔다. 미국 시장조사업체 스트래티지애널리틱스(SA)는 2015년 말에는 세계 스마트폰 사용자 수가 25억명에 이를 것이라고 보고 있다. 이 수치는 세계 인구 72억명 기준으로 25억명이니, 10명 중 4명인꼴이다. 사용자수뿐만 아니라 보급률과 사용량에서도 마찬가지이다. 세계통신연합에 따르면 2010년 말 이미 스마트폰 보급률(24.5%)이 PC 보급률(20%)을 앞질렀으며, 사용량에서도 2015년 5월 구글은 전 세계적으로 모바일기기 검색량이 PC 인터넷 검색량을 추월하는 미시적 순간(Micro-Moments)의 시대가 왔다고 발표했다. 그 결과로 이제 광고수익에 절대적인 영향을 미치는 구글의 검색결과 최상단은 모바일 전용 웹사이트와 앱 관련 콘텐츠가 독차지 하고 있다.

글로벌 스마트러닝 시장규모

한국도 예외가 아니다. 미래창조과학부에 따르면 한국은 2014
년말 기준 국내 통신 3사의 스마트폰 가입자수가 4천만명을 넘어
섰다고 발표했다. 5천만 전체 인구 중에서 80% 이상이 스마트폰
을 이용하고 있는 셈이며, 한국의 대표적인 포털인 네이버나 다
음카카오도 이미 PC검색에서 모바일 검색으로 무게 중심이 급격
히 넘어가고 있는 중이다.

이렇다 보니 해외와 국내에서 스마트기기를 활용한 스마트러
닝 관련 산업의 확산과 발전 속도도 가파르다. 2015년 Markets
and Markets의 연구에 따르면 글로벌 스마트교육과 러닝 관련
시장이 2019년 344.9조원에 이를 것으로 예측하고 있다. 이렇게
시장이 급격하게 증가할 수 있는 동인으로 학습자와 교수자, 학
습자와 학습자간 상호작용을 지원하는 학습시스템, 교육 애플리
케이션의 급속한 증가, 온라인과 오프라인간 블렌디드 교육의 확
산과 같은 요인들을 꼽고 있다. 이것은 교육산업이 다루는 영역
이 더 이상 전통적인 교육방식에만 머무르지 않게 되었다는 의미
이며, 교육모형도 디지털 기술을 중심으로 매우 빠르게 옮겨가고
있음을 시사한다.

RnR Market Research가 2015년에 발표한 자료에 따르면 글
로벌 스마트교육과 러닝 중에서 모바일교육이 차지하는 시장규
모는 2015년 7.9조원에서 2020년 37.6조원까지 성장할 것으로
내다보고 있다. 역시 글로벌 스마트기기의 시장확대와 디지털교

육에 대한 수요증대가 모바일교육 시장을 견인하고 있는 이유로 들고 있다. 특히 금융, 헬스케어, 정부, 텔레콤, IT와 교육산업에서 학습경험을 더욱 고도화하기 위해 모바일 교육 솔루션을 도입할 가능성이 크다고 보고 있다.

그렇다면 한국을 포함한 아시아권은 어떤가? 2015년 국제교육산업연구기관인 Ambient Insight에서는 아시아 모바일러닝 시장이 2015년 4.4조원에서 2019년 7.7조를 넘어설 것으로 예측하고 있으며, 이는 전 세계 모바일러닝 시장 중 약 15%에 해당하는 규모이다. 아시아는 지구상에서 가장 역동적이고 빠르게 모바일 교육시장이 성장하고 있는 시장이며, 2019년까지 가장 높은 성장률을 보일 것으로 예측하고 있다.

글로벌 스마트러닝 도입 비율

2014년 Towards Maturity Benchmark에 따르면 조사에 참여한 HRD 담당자 중 80%는 현장에서의 즉시적 성과지원을 위해서 스마트러닝을 도입한다고 답변하였다. 기업의 모바일 직원 비율이 높아지면서 현장에서 활용 가능한 성과향상 도구가 필요한데 이 영역에 스마트러닝이 기여할 것이라고 판단하고 있는 것이다.

이외에도 경력개발 기회와 선진 정보기술 활용 측면에서 회사의 스마트러닝 도입이 직원간 충성도와 만족도 제고에 긍정적인 영향을 미치고 있으며, 직원 커뮤니케이션 개선, 디지털 세대로 대변되는 Y세대 학습요구 충족, 회사 비용절감과 같은 이유로 스

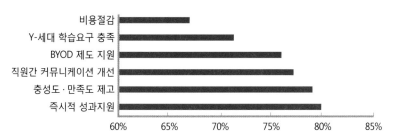

스마트러닝 도입사유

비용절감
Y-세대 학습요구 충족
BYOD 제도 지원
직원간 커뮤니케이션 개선
충성도·만족도 제고
즉시적 성과지원

출처: Towards Maturity Benchmark, 2014

마트러닝을 도입한다고 조사되었다. 특히 기업의 Bring-Your-Own-Device(BYOD) 제도 때문에도 스마트러닝의 도입 비율이 증가하고 있다. 개인소유 기기는 개인이 좋아해서 구매한 만큼 해당 기기에서의 학습 만족도가 더 높다고 한다. 업무시간 외에도 빈번하게 사용하기 때문에 BYOD를 지원하는 것이 스마트러닝의 확산에 도움이 되고 있는 것으로 나타났다. Cisco社 조사에 의하면, 미국 기업의 66%는 이미 BYOD를 지원하고 있다고한다.

한편 국내 기업이러닝 시장 규모는 총 2조 8,611억원(개인 43.9%, 사업체 44.9% 차지)으로 추산되고 있으며, 2013년 이러닝 총 지출액은 전년(2012년) 대비 9.9% 증가(개인 지출 14.0%, 사업체 지출 7.9% 증가)한 것으로 파악되고 있다.

하지만 국내 이러닝 시장의 성장을 견인하였던 정부의 원격 훈련 교육비 환급 규모가 2009년 이후 축소되는 추세여서 교육비 환급제도의 주요 수혜자였던 많은 기업들이 최근 기존 이러닝 대비 비용 효율적인 스마트러닝으로의 전환을 추진하고 있는 상황이며, 특히 대기업의 경우 이러한 추세가 더욱 두드러지게 나타나고 있다.

2014년 산업통상자원부가 발표한 '2013년 이러닝산업 실태조사'에 따르면 스마트폰과 태블릿PC 확산에 힘입어 국내 기업의 모바일러닝 활용률이 40%대에 이르고 있으며, 개인별 모바일러닝 경험 비율은 2013년 37.2%로 2012년 대비 4.3%P 높아졌다. 지난 2011년 18.4%와 비교하면 3년 만에 두 배 수준으로 상승한 수치이며, 2014년 기업의 모바일러닝 도입률은 10.6%로 지난 2011년 3.6%에 비해 세 배 가량 향상됐다.

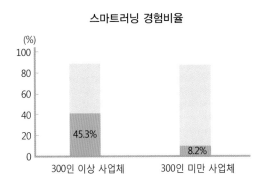

스마트러닝 경험비율

출처: 「2013년 이러닝산업 실태조사」, 산업통상자원부, 2014

스마트러닝 발전과 연관된 기술

앞으로 스마트러닝의 발전과 관련된 연관기술은 크게 모바일(Mobile), 클라우드(Cloud), 소셜(Social), 빅데이터(Big Data)

네 가지라고 볼 수 있으며, 이들 기술의 발전이 스마트러닝의 발전을 더욱 촉진할 것이다.

첫째, Mobile 기기의 보급확대로 인한 다양한 모바일 콘텐츠의 증가, 웨어러블이나 IoT와 같은 연관산업의 발전, 그리고 5분 동영상이나 한 페이지 학습과 같은 Micro-Learning의 가속화로 인해 스마트러닝은 더욱 가속화될 것이다.

둘째, Cloud 기술은 앞으로 Wearables, Smart Workplace, Smart Home 기술의 발전을 앞당길 것이며, 이로 인해 복수의 기기(예: 스마트 시계, 폰, 태블릿, TV 등)를 활용한 학습 니즈가 증대할 것이다. 이에 따라 스마트기기간 콘텐츠 표준화와 학습 동기화를 지원하는 스마트러닝이 필수적이라고 볼 수 있다. 이미 대량의 콘텐츠를 스마트기기를 통해 전 세계 학습자들에게 제공하는 Cloud 활용추세는 MOOC(Massive Open Online Courses) 서비스 제공사인 Udacity, Coursera, edX와 같은 예를 통해서도 살펴볼 수 있다.

셋째, 텍스트 중심의 SNS에서 더 나아가 사진, 동영상, 이미지를 중심으로 하는 다양한 형태의 소셜(Social) 기술의 발전은 기존 이러닝의 단점을 보완할 뿐만 아니라 스마트러닝 사용자수의 확산 자체에도 더욱 기여할 것이다. 이러닝의 가장 큰 단점이 학습자 간 상호작용이 부족하다는 것이었는데, 스마트러닝에 소셜을 접목함으로써 Peer-to-Peer Learning을 통한 기존 이러닝의 고립감을 효과적으로 해소할 수 있게 된 것이다.

넷째, Big Data & Analysis 기술의 발전이 가져오는 스마트러닝의 확산이다. 모바일, 클라우드, 소셜 관련 정보기술의 발전으로 인해 스마트러닝 콘텐츠는 기하급수적으로 증가할 것이다. 무수히 많은 콘텐츠 중에 학습자 프로파일과 학습이력에 기반한 맞춤형 콘텐츠를 추천하는 빅데이터 분석기법은 스마트러닝의 효율을 더욱 제고시킬 것이며, 상호불가분의 관계로 발전해 나갈 수밖에 없을 것이다. 빅데이터 분석기술은 HRD 담당자에게도 학습현황을 조회하거나 어떤 교육이 학습효과가 높았고, 직원들의 학습에 언제, 어떻게 개입해야 하는지와 같은 HRD 담당자의 전략적 의사결정에 효과적으로 쓰일 수 있다.

스마트러닝은 해외뿐만 아니라 국내에서도 빠르게 확산되고 있고 이러한 성장세는 계속 유지될 전망이다. 이제 인사교육담당자의 입장에서 보면 필연으로 다가오고 있는 현상이다. 사이먼과 가펑클이 노래한 엘콘도파사에 나오는 구절이다. "달팽이기보단 새가 되고 싶고, 못이 되기보단 망치이고 싶다(I'd rather be a sparrow than a snail, I'd rather be a hammer than a nail)." 스마트러닝의 새로운 변화를 인지하고 적용하는 'Edupreneur(education+entrepreneur)' 정신이 어느 때보다 필요한 시점이다.

▼혁신 DNA Ⅰ, 2013
미산 김철성 교수와 (주)큐브앤큐브 *collaboration*

해외에서도 화제다

해외에서도 스마트러닝을 도입하는 기업이 빠르게 늘어나고 있다. 2014년 Towards Maturity Benchmark 조사에 따르면 71%의 응답자가 회사에서 스마트러닝을 이미 도입하였거나 도입을 검토하고 있다고 답변하였다. 스마트러닝 도입비율이 2010년에 36%, 2012년에 47%였던 과거에 비하면 기업들이 굉장히 빠른 속도로 스마트러닝을 도입하고 있는 것이다.

스마트러닝은 Mobile, Cloud, Social, Big Data의 4대 정보기술 영역이 발전함과 동시에 더욱 확산될 것으로 예측되고 있다.

	도입 및 검토 비율	2년 內 도입 계획
스마트러닝 전체	71%	78%
스마트폰 지원	52%	59%
태블릿 지원	48%	59%

출처: Towards Maturity Benchmark, 2014

MOBILE

스마트폰 보급률은 지속적으로 증가할 예정이며 상대적으로 보급률이 낮았던 태블릿도 급격한 성장을 보이고 있다. 태블릿은 미디어 소비의 주요 기기가 될 것으로 전망되고 있고, 태블릿의 구매 성장률은 이미 스마트폰을 앞질렀다.

태블릿의 보급률이 증가하면서 여기에 적합한 학습 콘텐츠 요구가 함께 증가될 전망이다. 스마트폰과 태블릿을 위한 별도의 학습 콘텐츠를 제작하는 것이 비용 관점에서 효율적이지 않기 때문에 스마트폰과 태블릿, 더 나아가서 PC에도 모두 탑재 가능한 범용적 콘텐츠(Portable Content), 모든 기기에서 최적화가 가능한 반응형/적응형 콘텐츠(Responsive/Adaptive Content)가 스마트러닝의 새로운 콘텐츠 표준으로 정립될 예정이다.

Lectora社의 Inspire 제품처럼 반응형 콘텐츠 제작을 지원하는 저작도구들이 이미 시장에 존재하고 HTML5, jQuery, Javascript, CSS 등의 기술표준을 준수하기 때문에 개발과 운영 용이성이 지금보다 크게 향상될 것이다. 콘텐츠에서 제공하는 상호작용도 크게 향상되어 학습 콘텐츠의 Gamification도 더 쉽게 지원할 수 있을 것으로 전망하고 있다.

학습 콘텐츠의 범용성이 향상되면서 전통적인 스마트폰, 태블릿, PC 외의 스마트 디바이스에서도 스마트러닝이 가능해질 것이라고 한다. Smart Workplace와 Smart Home 시장이 성장함에 따라 콘텐츠를 학습할 수 있는 디바이스가 지금보다 크게 증가할 것으로 전망된다.

학습 콘텐츠뿐만 아니라, 학습을 제공하는 모바일 애플리케이션의 사용성도 크게 향상될 전망이다. Touch 사용에 더욱 친숙하고 자연스러운 사용자 경험(User Experience: UX)을 제공하는 NUI(Natural User Interface)가 유행할 것으로 예측된다. 심지어, 많은 신규 스마트러닝 사업자는 웹 사이트를 통해 스마트러닝 서비스를 제공하지 않고 처음부터 모바일 애플리케이션을 제공하는 Mobile First 전략을 펼칠 것으로도 예상된다.

모바일 환경하에서의 학습 여건을 고려하여 마이크로 학습(Micro-Learning)이 기업교육에서 인기를 끌 전망이다. 마이크로 학습은 5분 동영상, 한 페이지 문서처럼 짧은 학습 시간을 요구하는 콘텐츠로서 스마트러닝 학습 환경에 더욱 적합한 콘텐츠 유형이 될 것이라고 한다.

마이크로 학습 추이에도 불구하고, 더 풍부한 경험을 제공하는 학습 콘텐츠가 보편화되고 스마트폰, 태블릿 기반의 모바일 애플리케이션이 새로운 학습 솔루션으로 자리매김하면서 데이터 사용량이 크게 증가할 것이다. 이 때문에, 많은 스마트러닝 사업자는 오프라인 학습 모드를 지원하고 있는데, 통신이 없는 환경에서도 학습이 가능하고 통신이 회복되는 시점에 모든 학습진도 사항을 동기화하는 방식을 지원하고 있는 것이다.

CLOUD

여러 스마트기기에서 동일한 사용자 경험을 제공하고 데이터를 동기화하는 클라우드(Cloud)가 대중화된 지 오래다.

스마트러닝 학습 데이터와 콘텐츠도 클라우드 형태로 보관, 제공하고 있다. 대량의 콘텐츠를 스마트기기를 통해서 전 세계의 학습자에게 제공하는 스마트러닝의 클라우드 추세는 이미 MOOC(Massive Open Online Courses) 유행으로 시작되었다. 미국의 유명 Ivy League 대학 과정을 스마트러닝으로 공개하는 Udacity, Coursera, edX 서비스가 모두 2012년에 이미 출시되었다.

Future Workplace 설문 결과, 195개 회사의 HRD 담당자 중 70%가 MOOC를 기업교육에 활용할 가치가 있다고 답변하였다. MOOC는 자기주도적인 학습을 지원하고 학업성취도를 평가하기 때문에 기업교육의 비용효율적이면서 효과적인 대안으로 급부상하고 있는 것이다.

McAfee社는 사전교육 40시간, 집합교육 80시간을 필요로 했던 신입사원 교육을 대체하기 위해 MOOC을 도입하였다. MOOC을 통해서 더 적은 시간에 더 많은 교육을 진행할 수 있었으며, MOOC을 통해서 얻은 지식이 매년 인당 평균 50만 달러의 추가 영업실적에 기여하고 있다고 한다.

SOCIAL

과거의 스마트러닝에 존재하는 소셜 요소는 수강후기 정도에 그쳤던 것이 사실이다. 수강후기도 콘텐츠를 수강하게 만드는 유인 효과가 있지만, 스마트러닝의 소셜 활용범위는 훨씬 빠르게 늘어나고 있다.

이러닝의 가장 큰 단점은 학습자 간 상호작용이 부족하다는 것이었는데, 스마트러닝에 소셜을 접목하는 시도는 대부분 이 영역에서 이루어지고 있다.

MOOC에는 'Flipping the Classroom' 개념이 적용되어 있는데 집합(강사주도형)교육에서의 강의학습을 과제 형태로 바꾸는 방식을 의미한다. 강사가 교육을 진행하는 Peer-to-Peer 학습방식은 MOOC 외에도 다양하게 경험할 수 있는데 Showd.me와 Google Helpouts이 그 대표적인 예이다. Google Helpouts의 경우, 개인들이 주제전문가가 되어 강의료를 받을 수 있는 수익모델까지 고려하고 있다.

MOOC가 대학 온라인 교육의 현실적인 대안으로 평가받고 활성화된 것은 2012년부터이다. 이 때문에 뉴욕타임즈는 2012년을 'MOOC의 해'라고 하였다.

2012년 1월, Stanford 대학 인공지능 분야의 Sebastian Thrun 교수가 Udacity를 창립하고 '인공지능 소개' 주제의 첫 온라인 강의에 15만명의 수강생을 모집했다. 같은 해 4월에 Stanford 대학의 Andrew Ng 교수와 Daphne Koller 교수는 Coursera를 창립하고 그 해 말에 170만명 이상의 수강생을 모집했다. 5월에는 MIT와 Harvard 대학도 각각 3억 달러를 투자하여 edX 서비스를 발표했다.

같은 해 6월에 Udacity는 Pearson社와의 제휴를 발표했다. 7월에는 Brown University, Columbia University를 비롯해 12개 세계 유명대학이 Coursera 서비스에 참여했다. 10월에 University of Texas가 edX에 합류하고 Wellesley와 Georgetown 대학도 12월에 합류했다.

예상을 뛰어넘는 수의 학습자가 참여하면서 전통적인 교사-학생 간의 상호작용을 지원할 수 없었다. 이 때문에 지역단위 스터디 그룹과 온라인 커뮤니티 형태로 학습자 간 (Peer-to-Peer) 협력이 활성화되었다. 아직까지는 미국 지역 수강생이 많지만, 해외 수강생도 급격하게 증가하는 추세이다.

MOOC 콘텐츠의 상당량은 대학 정규과정을 온라인과 모바일에 적합하도록 변경한 콘텐츠이며, 8~12분 길이의 동영상 강의가 주류를 이룬다. 강의 주제는 과학과 정보기술(IT) 분야가 많고 각 MOOC 서비스 별로 약간씩 차별화하고 있다.

학습 이해도 평가, 평가 방법, 교수의 부재와 같은 여러 문제에도 불구하고 MOOC의 파괴적(disruptive) 변화 때문에 많은 대학과 기업들이 MOOC를 활용하려는 움직임을 보이고 있다.

과정 개발 단계에서도 소셜이 활용되고 있는 추세다. 여러 주제전문가가 동시에 콘텐츠를 제작할 수 있는 저작도구(Easy

Coursera 과정 카테고리   Udacity 과정 예시

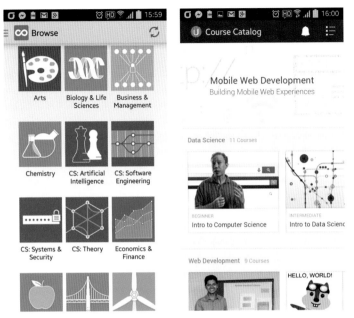

Generator, ZebraZapps, QuickLessons, SmartBuilder 등)들이
발표되고 있어 앞으로 스마트러닝 콘텐츠의 제작과 배포가 더욱
가속화될 예정이다.

BIG DATA & ANALYTICS

　모바일, 클라우드, 소셜 관련 정보기술의 발전은 필연적으로
스마트러닝 콘텐츠를 증가시키는 효과를 가져올 것이다. 무수히
많은 콘텐츠 중에 본인에게 맞는 콘텐츠를 찾기가 더욱 어려워질
것으로 예상되기 때문에 학습자의 프로파일과 학습이력에 따라
콘텐츠를 추천하는 Contextual Learning이 매우 중요해질 것으

로 예상된다.

학습자에게 적합한 콘텐츠의 추천은 유사 산업, 직무, 경력 등 학습자 이력을 토대로 추천하는 방식, 지식이나 역량의 보유수준 진단·평가 결과에 따라 추천하는 방식, 시간대, 주제, 지역별 학습성향에 따라 추천하는 방식 등이 다양하게 존재하고, 모든 방식은 축적된 데이터의 분석을 전제하고 있다.

학습자가 소속된 회사의 환경 내에서만 학습이 진행되지 않고 다른 사이트와 서비스에서도 진행될 수 있다. 이러한 외부 데이터까지 포함하여 분석할 수 있는 Tin Can API 인터페이스 표준이 이미 정립되어 있고, 평가 시스템, 저작도구, 게임 기반 학습 시스템, 학습관리시스템, 시뮬레이션 시스템 등 다양한 분야의 교육 회사들이 이 표준을 채택하여 상호 간에 데이터를 공유할 수 있는 체제를 갖추어 나가고 있다.

Big Data 분석은 학습자에게 Contextual Learning이 가능하도록 할 뿐만 아니라, HRD 담당자에게도 많은 시사점을 줄 수 있다. 학습현황을 조회할 수 있을 뿐만 아니라, 어떤 교육이 학습효과가 높았고, 직원들의 학습에 언제 어떻게 개입해야 하는지, 과거 이력을 토대로 한 향후 추이예측 등 인력개발 의사결정을 지원하는 중요한 도구로 발전할 예정이다.

스마트러닝은 국내뿐만 아니라 해외에서도 급속히 성장하고 있고 이러한 성장세는 계속 유지될 전망이다.

▼혁신 DNA II, 2015
미산 김철성 교수와 (주)큐브앤큐브 *collaboration*

패러다임 전환과
변화과제

2010년 이후 스마트기기의 놀라운 확산이 기업교육의 환경을 바꿔 나가고 있다. 컴퓨터상에서만 가능했던 온라인 교육이 다양한 기기들에 의해서도 가능해지기 시작했다는 의미이다. 사실 이러한 스마트기기의 확산을 기업 HRD 부문에서는 어떻게 받아들여야 할지 아직 논의가 충분하지 못하다. 그 원인은 느리고 점진적으로 교육에 영향을 미쳤던 과거의 변화들과는 달리, 지금의 변화는 상대적으로 너무나 빠르고 급진적이기 때문이다.

여기에서는 최근 스마트기기의 등장과 함께 논의되기 시작한 스마트러닝에 대해 기업 HRD 담당자의 관점에서 이를 어떻게 정의해야 할 것인가 그리고 HRD 담당자의 변화과제는 무엇인가를 생각해 보고자 한다.

인적자원에 대한 근본적 시각의 전환

과거에는 말 그대로 인간은 Human Resources(인적자원), 즉 생산성을 높이는 수단으로서 관리의 대상이었지만, 현재는 누가, 어떻게 육성하느냐에 따라 창의성과 다양성, 리더십 등에서 차별화가 이루어지고, 이를 통해 기업의 경쟁력이 좌우된다는 인적자본(Human Capital)의 개념으로 인간을 보고 있다. 전자의 개념은 맥그리거(McGregor)가 기업의 인간적 측면에서 강조한 X이론에 근거해 인간을 보는 시각으로서 인간은 게으르고 일하기 싫어하므로 관리하고 통제해야 한다는 관점이며, 후자는 인간을 Y이론에 근거해 긍정과 신뢰를 바탕으로 일을 맡기면 강한 열정으로 기대 이상의 성과를 내려고 노력한다고 보는 시각이다. 널리 알려진 이론이지만 기업의 지속적인 성과 창출을 위해 HRD 담당자들은 지금 학습자들에게 어떤 가정으로 HRD를 시행하고 있는지 생각해 봐야 할 시점이다.

Y이론에 입각한 시각이라면 학습자들은 개인화된 교육시스템 내에서 자기주도학습(self-directed learning)으로 학습을 해나가는 존재이다. 그들은 관리하거나 통제하지 않아도 자아실현의 욕구를 충족하기 위해 스스로 필요한 역량을 자발적으로 학습하여 기업의 성과향상에 기여하고자 노력한다. 따라서 HRD 담당자는 학습자 개인이 스스로의 숙련도를 평가하여 자신에게 적합한 시간과 분량의 교육 콘텐츠를 선정하여 최적화된 학습을 할 수 있도록 그 여건을 제공해 주어야 한다.

지금까지 국내기업의 온라인 교육 관행은 정부의 지원정책하에 제정된 부정수급을 방지하기 위한 다양한 제도적 규제 때문에 앞에 언급한 시각과는 배치되는 차원에서 학습이 이루어지는 부분도 일부 있었다. 이러한 제도하에서 학습자들은 게으르고 학습하기 싫어하는 X형 인간으로 간주되어 규제와 관리의 대상이 되며, 따라서 정해진 시간 내에 일정 분량을 자신의 학습의지와는 상관없이 반드시 이수해야 한다는 규제하에서 학습을 하게 된다. 특히 업무량과는 상관없이 규정된 시간 내에 정해진 학습과정을 수료해야 하는 과도한 일정으로 인해 일과 생활의 균형이 무너지는 경우도 배제할 수 없다.

하지만 학습자가 부족한 역량을 평가하고, 자신에게 필요한 학습 콘텐츠를 짧은 시간 내에 검색하여 자기주도학습을 할 수 있도록 지원하는 스마트러닝은, 인적자원을 Y이론에 입각하여 미래 경쟁력의 중요한 원천으로 바라보는 인적자산(Human Asset)의 시각에 충실한 교육대안 중의 하나라고 볼 수 있다.

전략적 파트너로서의 역할

전략적 비즈니스 파트너로서의 HRD 역할은 과거 교육훈련(training & education)만을 의미하는 소극적 개념에서의 HRD보다는 기업의 경영성과에 직접적인 영향을 미치는 데 얼마나 기여하는가에 대한 관점을 기준으로 한다. 즉, 기업의 전략적 파트너로서 HRD 부서의 역할이란 단순히 교육훈련을 위한 비용집행

부서로서 계획된 교육을 반복적으로 실행하는 역할에 머물러 있는 것이 아니라, 기업의 경영전략과 연계하여 필요한 핵심인재와 직무를 세분화하여, 그에 적합한 육성과 개발계획을 맞춤형으로 제공함으로써 비즈니스 현장의 성과개선에 기여하는 것을 의미한다. 이보다 한 단계 더 나아가 전략적 파트너로서 HRD의 궁극적인 모습은 이러한 일관된 활동들이 기업의 비전 및 전략에 연계됨으로써 새로운 비즈니스를 창출하는 데까지 직접적으로 영향을 미치는 것을 의미한다고 볼 수 있다.

전략적 파트너의 의미를 이러한 관점에서 정의한다면 HRD의 역할은 우선적으로 성과가 발생하는 비즈니스 현장의 성과개선에 집중하고 전략적 다양성을 고려하여 1대1, 혹은 전략을 실행하는 조직 단위별로 구체화된 교육을 시행하는 것이다. 이를 위해서는 빠르게 변화하는 전략적 요구를 반영하여 다양한 교육 콘텐츠들을 신속하게 제공함으로써 학습동기를 지속적으로 관리해야 함은 물론이다.

비전 및 전략과 연계한 HRD의 역할이 성공적으로 추구된다는 의미는 기업이 전략을 실천하는 데 요구되는 조직 내 역량의 총합이 최대에 이른다는 의미이기도 하다. 이를 위해서 HRD 부서는 국내뿐만 아니라 최소한의 비용으로 글로벌 통합 교육을 실행할 필요가 있으며, 정규직과 비정규직, 그리고 협력업체 등에도 요구되는 교육을 신속하게 제공할 필요가 있다.

전략적 비즈니스 파트너로서의 HRD 역할을 수행한다는 의미는 핵심인재와 직무별로 세분화된 성과지향의 교육, 전략단위별 현장지향의 맞춤교육, 신규 교육프로그램의 신속한 제공, 저비용 고효율의 글로벌 통합교육, 비정규직과 협력업체 나아가 고객까지 포함하는 무경계화된 교육 시스템을 뜻한다. 이에 스마트러닝은 20~30분 분량의 다양한 콘텐츠를 조직과 개인의 전략적 필요에 따라 세분화하여 학습하는 것이 가능하며, 국가, 직종, 협력업체 등에 저비용 고효율 교육을 가능케 한다는 측면에서 전략적 비즈니스 파트너로서의 HRD 역할을 수행하는 데 가장 강력한 수단 중 하나가 될 것이다.

Learning Technology가 바꾼 학습 패러다임

잘 알려진 것처럼 70:20:10 학습모형은 학습의 90%(70＋20)가 개인 경험(70%)이나 타인(20%)과의 관계 속에서 비공식적으로 이루어지며, 10%만이 구조화된 형식교육에 의해 이루어진다는 이론이다. 하지만 미국 산업교육 잡지 「Training ＋ Development」에 따르면 기업교육의 70%가 형식교육인 집합교육을 통하여 이루어지고 있다고 한다. 즉, 대부분의 HRD 담당자들이 과거부터 해오던 집합교육이나 전통적 교육의 틀을 벗어나지 않으려 한다는 의미이다. 그러나 기술의 발달로 인해 HRD 담당자들은 과거의 공식적인 교육에만 집착하기는 어렵게 되었다.

개방·공유·참여를 중심으로 다양한 사회적 연결망을 강조하는 Web 2.0 시대에서 Better·Smarter·Faster를 모토로 정보의 연결망을 강조하는 Web 3.0의 시대로 기술이 발전해 나감에 따라 무형식 교육의 비중이 지속적으로 증가할 수밖에 없다. 왜냐하면, Web 3.0의 시대에서 학습자들은 기존의 형식교육이 제공하던 이벤트성 교육 혹은 규격화된 자격증, 수료규정을 중시하는 교육보다는 자기 스스로 학습목표를 설정하고 필요한 역량을 자기주도적으로 해결해 나가는 무형식교육을 더 선호하기 때문이다. 따라서 HRD 담당자들은 무형식교육을 형식화하기보다는 이를 지원하는 다양한 제도와 학습여건을 제공하는 데 노력해야 한다.

스마트러닝은 무형식교육의 핵심요건인 검색기능을 기본적으로 제공한다. 자신에게 필요한 학습 콘텐츠를 신속하게 찾아서 업무에 요구되는 역량을 스스로 선택하여 학습할 수 있게 함으로써 학습이 성과 향상에 직접적으로 영향을 미치게 한다. 스마트러닝은 또한 멀티미디어나 웹을 통해 제한적인 장소와 시간에만 이루어지던 공식교육을 언제 어디서나 무형식교육이 가능하도록 지원한다.

특히 스마트러닝은 학습자별로 세분화된 주제에 대한 학습을 가능하게 할 뿐만 아니라 시간, 장소에 따른 세부학습행태 등을 분석할 수 있어 빅데이터를 통한 교육대상별 훈련체계 및 프로그램의 효율적 개선도 가능해진다. 이외에도 무형식 교육을 강화하기 위해서 스마트러닝 시스템을 활용하여 자율적인 학습공동체를 활성화하거나 지식경영(Knowledge Management: KM)을 위한 학습도구로도 이용할 수 있다.

본 서에서는 스마트러닝의 전략적 패러다임에 대한 논의를 바탕으로 다음과 같이 스마트러닝을 정의하고자 한다. 스마트러닝이란 스마트기기 및 소셜미디어를 활용하여 학습자들이 자기주도적으로 형식학습과 무형식학습을 융합하여 수행할 수 있는 상시학습체계를 말하며, 상호작용을 통한 협력학습이 가능하고, 학습 중에 발생하는 빅데이터를 활용하여 학습성과를 관리 및 확대할 수 있는 특징이 있다.

변화에 대한 자세

교육공학 연구의 두 축인 '교육접근 철학과 전략'과 '교수방법과 전달수단'에 대한 논의가 스마트기기의 등장이라는 거대한 조류를 만나 엄청난 변화의 소용돌이에 빠져들고 있다. 과거 성공을 가져다 준 자신의 능력에만 집착하고 스스로를 우상화하여, 다가오는 변화에 무감각해짐으로써 실패를 자초한다는 의미로 그리스 신화에서 유래된 '휴브리스(Hubris)', '이카루스 패러독스(Icarus Paradox)'와 같은 용어를 새삼 강조하지 않아도, 이제 HRD 담당자는 지금의 변화를 지렛대로 미래에 더 나은 결과를 창출해 낼 수 있는 성과지향의 교육체계를 구축해야 한다. 즉, 과거의 교육수단이나 체계에 얽매여 현재에 안주해 있는 건 아닌지 되돌아 보아야 한다.

아직도 일부 대기업 HRD 조직에서는 온라인 교육을 정부 지원의 수익사업으로 생각하여 엄청나게 비싼 대가를 치르면서도 내부 필수교육체계로 시행하고 있다. 물론 교육의 효과도 그에 못지 않게 크겠지만 그에 따른 기회비용은 들어가지 않는지, 그리고 보완해야 할 더 나은 대안은 없는지 고민해야 할 시점이 왔다. 저비용 고효율의 스마트러닝도 그 대안 중에 하나임에 틀림 없다.

▼창조적 사회, 2014

전략적 의의와
HRD 담당자의 역할

2000년 전후로부터 기업교육 학계와 산업계에서 온라인 교육을 지칭하는 용어로 사용된 디스턴스러닝, 이러닝, 모바일러닝과 같은 개념들이 최근 스마트기기의 빠른 확산으로 큰 변혁을 맞고 있다. 바로 스마트러닝 때문이다.

현재 대부분의 기업교육 회사들이 이러닝과 더불어 스마트러닝을 서비스하고 있다고는 하지만 정작 기업 HRD 담당자들 입장에서는 아직 스마트러닝이 하드웨어적으로 차이가 있는 것인지, 마인드적인 것이 스마트해야 하는 것인지, 정확한 정의는 무엇인지, 기존 이러닝과 차이점은 무엇인지, 도입하는 데 고려해야 할 요인은 무엇인지 같은 부분을 의문스러워 하고 있는 것이 현실이다.

앞 장의 '패러다임 전환과 변화과제'에서 내린 스마트러닝의 정의에는 스마트러닝이 강조하고 있는 민첩성, 인포멀러닝, 모빌리티의 세 가지 키워드가 포함되어 있으며 기존의 이러닝과 개념적인 차별화를 가져오는 중요한 부분이라고 할 수 있다.

첫 번째 키워드-민첩성(Agility)

스마트러닝이 학습의 민첩성을 어떻게 가져갈 것인가에 대한 솔루션을 제공한다는 것이다. 큰 변화가 닥쳐오면 대부분의 사람들은 크게 진화, 혁신, 개선, 적응이라는 네 가지 방식 중의 한 가지로 변화에 대응해 나간다. 이 네 가지 방식 중에서 적응(adaptation)이라고 하는 것은 환경변화가 어디로 가고 있는지 정확하게 읽고 그에 따라 스스로를 빠르게 동화해 나가는 능력이라고 할 수 있다.

전통적인 교육에서 학습의 민첩성은 과거부터 내려오던 방식대로 모든 부분에 농업적 근면성을 토대로 열심히 학습해서 학점을 따는 것이다. 하지만 지금은 자기 스스로 분석적인 사고로 효과적인 학습방법을 택해 성과를 만들어 내는 것을 의미한다. 스마트러닝은 적기, 적소에 필요한 학습을 스스로 진행할 수 있다는 측면에서 다른 학습방법에 비해 민첩성을 가장 중요한 특징으로 한다고 볼 수 있다.

두 번째 키워드-인포멀러닝(Informal Learning)

스마트러닝이 기업교육에서 가장 많은 부분을 차지하는 인포멀러닝, 즉 무형식학습을 끌어낼 수 있는 가장 중요한 툴이라는 것이다. 스마트러닝은 그동안 보편적으로 진행했던 이벤트적인 학습이 아니라 상시 학습과 지속적인 학습을 할 수 있는 중요한 툴로서 활용될 수 있으며, 특히 여기서 말하는 인포멀러닝은 10/20/70 학습모형 즉, 전통적인 학습으로 10%, 리더의 코칭과 멘토링으로 20%, 그 나머지 가장 큰 영역인 70%를 인포멀러닝이 차지한다는 것이다. 즉, HRD 담당자로서 성공적인 교육성과는 바로 이 인포멀러닝에 대한 이니셔티브를 어떻게 잡느냐 하는 것에 달려있으며, 스마트러닝은 바로 인포멀러닝을 효과적으로 운영할 수 있는 중요한 기제가 될 수 있다.

교육학자인 켈러(John M. Keller)는 학습자에게 자기주도적인 학습동기를 부여할 수 있는 방안으로 ARCS 모델을 제시하고 있으며, 스마트러닝 측면에서 이 모델을 적용해보면 다음의 네 가지 측면에서 학습동기 부여 방안을 제공할 수 있다.

첫째, Attention(주의집중)으로 스마트러닝 사용자의 학습자 경험을 고려한 애플리케이션의 직관적인 디자인(UI/UX)이다.

둘째, Relevance(관련성) 측면에서 과거 일방향으로 이루어지던 이러닝이나 오프라인 교육과는 달리 스마트러닝을 통해 자신의 업무 또는 주변 사람들과의 연계성을 고려해 학습하는 선택적 학습을 강화할 수 있으며, 더 나아가 자신의 직무, 직급에 맞는 맞춤형 과정을 추천받거나 동료나 상사로부터도 자신에게 맞는 학습과정을 쉽게 추천받을 수 있는 장점이 있다.

셋째, Confidence(자신감)으로서 학습자 스스로 학습 스케줄링 프로그램(Individual Development Program: IDP)을 수립함으로써 자기주도적으로 월간, 연간 학습 일정을 운영해 나갈 수 있다.

마지막으로 Satisfaction(만족감)으로 학습자별 실시간 학습성향 분석이나 온라인 코칭을 통해 학습자 주도성을 강화하거나 우호적 학습 경쟁을 유도함으로써 만족감을 올릴 수 있는 것이다. 물론 스마트러닝에서도 ARCS에서 권장하는 방식 외에 전통적인 독려 방식으로 사용하는 학습흥미를 유도할 수 있는 다양한 학습 이벤트와 함께 병행한다면 더욱 큰 효과를 발휘할 수 있을 것이다.

세 번째 키워드-모빌리티(Mobility)

이 부분은 기존의 이러닝과 가장 명시적으로 차별화되는 부분이며, 전통적 학습과도 혁명적으로 다른 부분이다. 요즘 BYOD(Bring Your Own Device)가 IT 분야의 주요 전략으로 부각되고 있다. 즉 본인이 소유한 기기로 업무를 진행할 수 있게 하여 생산성을 극대화하는 전략으로, HRD에서도 마찬가지로 손 안의 휴대폰 하나만 가지고도 학습혁명을 이루어낼 수 있기 때문에 매우 차별화된 HRD 전략으로 볼 수 있다. 일반적으로 스마트러닝 도입을 통해 가장 중요시되는 Better, Faster, Smarter와 같은 키워드들은 모빌리티를 통해 이루어지는, 기존의 전통적인 학습과는 큰 차이를 보여주는 대표적인 혁신 포인트이다.

스마트러닝이 학습 혁명이라고 불리는 가장 큰 이유도 전 세계 어디서나 같은 시간, 다른 장소에서 각기 다른 프로그램을 필요에 따라 진행할 수 있기 때문이며, 다른 의미에서는 학습 주권이 HRD 부서가 아니라 순전히 학습자 자기 자신에게로 전환되었기 때문이다.

모빌리티라는 특성에 의해 학습자는 자신(혹은 회사의 필요에 의해서든)에게 적절한 학습 방법과 시간을 선택해서 적시학습(Right Time Learning)을 할 수 있게 되었으며, 강의실과 현장이 분리되어 있던 과거의 오프라인이나 이러닝과는 달리 일과 학습이 결합된 임베디드(embedded) 러닝을 실천할 수 있게 되었다. 말 그대로 가장 필요로 하는 지식을 바로 학습하여 바로 활용할 수 있는 형태가 되었다고 볼 수 있는 것이다.

모빌리티를 통해 HRD 담당자의 학습관리 형태에도 혁명이 일어났다. 옛날에는 다양한 학습 활동 데이터를 활용하거나 여러 사람의 의견을 모을 수 있는 도구가 별로 없었기 때문에 별도의 계획된 일정과 노력으로 학습관리를 진행해왔다. 하지만 이제는 시간에 관계없이 언제나 필요할 때 학습자의 학습이력을 빅데이터로 분석하여 활용할 수 있게 되었으며, 분석의 양과 질에 있어서도 과거와 비교할 수 없을 정도로 전략적이고 성과지향적으로 변화했다고 할 수 있다.

스마트러닝이 단순 지식전달을 넘어 학습자와 학습자 상호간, 그리고 교수자간 상호작용을 통한 진정한 지식공유의 장이 되기 위해서는 민첩성, 인포멀러닝, 모빌리티라고 하는 세 가지 키워드가 효과적으로 발현될 수 있도록 하는 HRD 담당자의 역할변화에 대한 노력이 필요하다.

자기주도 학습의 조직문화 조성

무엇보다 앞에서 언급했던 10/20/70룰의 주체인 회사/리더/학습자 본인이 상호 간 유기적으로 기능할 수 있도록 하는 효과적인 블렌디드 전략을 수립, 운영하는 것이 가장 중요하다고 볼 수 있다. 특히 과거 HRD 부서가 모든 것을 책임지는 종래의 패러다임에서 많은 부분 학습자 개개인이 책임지는 자기주도학습으로 전반적인 HRD 환경을 조성해 나가야 하며, HRD 담당자의 역할과 책임은 기업 내 핵심적이고 전략적인 부분을 책임지는 역할로 이원화되도록 해야 한다. IT가 아무리 발달하고 인터넷 문화가 일반화되어도 신문은 필요하며, 오히려 신문과 인터넷의 조화가 필요해 지는 것처럼 10/20/70룰을 균형있게 블렌디드화하는 것이 필수적이다. 이를 위해 HRD 부서는 자기주도학습을 위한 조직문화를 조성하고, 조직의 성과와 긴밀히 연계될 수 있도록 하는 교육전략을 이끌어 가야 할 것이다.

현재 많은 회사들이 스마트러닝 도입여부를 두고 갑론을박하고 있는 것으로 알고 있다. 스마트러닝의 도입은 앞에서 논의한 것처럼 선택이냐 필수냐의 문제를 넘어선지 오래되었다. 이제는 선택할 시간이 아니라 어떻게 도입하고 활용할 것인가를 고민해야 할 시간이다. 버나드 쇼의 묘비에 이런 말이 적혀 있다. "우물쭈물하다가 내 이럴 줄 알았다(I knew if I stayed around long enough, something like this would happen)."

개발과 운영

2

▼A Smart Odys Ⅰ, 2013

Skatch-01-2

시스템 구축

전자통신기술의 발전으로 인해 촉발된 스마트러닝이라는 개념의 출현은 단순히 웹상의 학습화면을 모바일폰이라는 기기를 통해 보여주던 과거 모바일러닝과는 완전히 별개의 개념이다. 스마트러닝은 스마트폰과 태블릿 PC(tablet PC)를 포함하는 스마트기기뿐만 아니라 PC, IPTV(Internet Protocol Television) 등의 멀티 스크린을 통해서 기기 자체의 차별적 OS를 기반으로 운영된다는 의미에서도 별개의 개념이며, 말 그대로 이전의 학습방법보다 더 스마트한 방식으로 학습이 진행된다는 의미를 가지고 있기 때문이다.

따라서 스마트러닝의 도입은 기존의 기업교육 방법에서 나타난 문제를 해결해주는 혁신자로서의 측면에서 어떤 요건들이 충족되어야 하는지를 충분히 검토하고 난 후에 그 방안을 수립해야 한다. 그렇지 않으면 스마트러닝을 단순히 교육전달 수단인 스마트기기의 확산에 부응하기 위한 온라인 교육의 표면적 변화기제만으로 간주해 버릴 위험이 있다.

여기서는 이러한 측면에서 현 기업교육체계상의 문제점을 간단히 살펴보고 그 해결방안에 영향을 미치는 스마트러닝의 주요 구성요소, 즉 콘텐츠, 솔루션, 운영 부문들을 각각 어떻게 설계하는 것이 바람직한지 논의하고자 한다.

'기업교육체계가 잘 수립되어 있다'라는 의미는 궁극적으로 교육 콘텐츠에 적용된 교수방법과 그 전달수단이 학습자들에게 최적화되어 있다는 의미와 같다. 오랫동안 한국의 기업교육 관련 학계는 이 두 가지 축과 성과의 상관관계를 살펴보는 연구를 다양하게 진행해 왔으며, 성과제고의 선행변수들은 대부분 회사전략과 교육의 연계성, 현장지향성, 학습주제와 교수설계방식, 다양한 블렌디드 학습(blended learning) 등에 대한 것이다. 이러한 과정에서 한국의 기업교육이 가지고 있는 문제영역별 교육체계가 더 스마트해지기 위해 필요한 것은 무엇일까?

우선은 전략과 교육의 연계를 강화하기 위해서 전략변화에 대응하는 신규 교육 콘텐츠의 신속한 제공과, 조직/직급별로 세분화된 교육 콘텐츠의 제공 등이 중요하며, 다음으로 현장지향성 측면에서는 언제 어디서나 필요한 학습내용을 검색하여 요구역량을 신속히 확보하고 업무와 학습활동의 일체화를 통해 자기주도학습이 가능한 교육전달방식을 도입해야 한다.

교수설계 측면에서는 학습내용별 최적의 교수설계기법이 적용된 고품질 교육 콘텐츠를 어떻게 제공하느냐와 최고의 주제전문가가 제작한 교육 콘텐츠를 개발하고 관리해 나가야 한다. 그리고 고비용의 오프라인 교육을 줄이고 저비용 고효율의 온라인이나 혼합형 교육 체계를 지속적으로 도입해 나가는 것도 중요한 과제 중의 하나이다.

콘텐츠: 교수방법의 혁신

교수방법적인 측면에서 한국기업의 온라인 기업교육용 콘텐츠의 수준은 지난 십여 년간 정부의 강력한 지원에 힘입어 교육내용과 대상에 최적화된 교수설계기법의 적용뿐 아니라, 플래시(flash)나 애니메이션 기법이 적용된 디자인적인 측면에서도 최고의 수준에 이르렀다고 볼 수 있다. 특히 양적인 측면에 있어서 상업적 용도로 만들어지는 콘텐츠는 매월 300~500시간 이상의 분량이 신규로 제공되고 있어 질적인 측면에 버금가는 수준이라고 볼 수 있다. 그러나 대부분 한국 기업들이 받고 있는 온라인 기업교육의 형태는 제한된 시간과 장소에서 필요하지 않은 내용까지 한 과정을 한 달에 평균 10시간 이상 학습하도록 하는 엄격한 학습기준의 적용으로 인해 콘텐츠의 전달방식상 많은 문제를 가지고 있는 것도 사실이다.

이제 새롭게 설계되는 스마트러닝에서는 이러한 전달방식상의 문제를 개선하기 위해 최적의 교수설계방식으로 설계된 고품질의 콘텐츠를 학습자 스스로 짧은 시간 내에 검색하여 학습할 수 있도록 준비하여야 한다. 이를 위해서는 20~30분 분량의 독립된 단위 콘텐츠로의 변환과 검색 및 솔루션 구동에 필요한 콘텐츠별 30개 이상의 메타데이터 작성, 스마트폰뿐만 아니라 태블릿 PC, 데스크탑 PC, IPTV 등 멀티스크린에 적합하도록 별도의 교수설계 방법론 및 제작기준의 설계, 다양한 기기제조사와 통신사의 운영시스템에 맞도록 기 제작된 콘텐츠의 개별 변환작업, 그리고 사소하게는 콘텐츠별 썸 네일(thumb nail) 제작 등 많은 내용들에 대해 세심한 준비가 필요하다.

기업교육용 콘텐츠의 적절한 학습시간에 대해서는 273명의 기업교육 담당자들 중 180명(66%)이 10~30분 정도가 적절하다고 응답한 ㈜인더스트리미디어의 '스마트러닝 Insight Forum (2011)'의 조사결과를 참조할 수 있다. 또한 기업교육에 필요한 콘텐츠의 적절한 양은 쉽게 산정하긴 어렵지만 온라인 교육 콘텐츠를 제공하는 회사 중 세계 최대규모인 미국 스킬소프트사의 콘텐츠의 보유량을 살펴보면 기업교육용은 약 4,000~6,000시간 7,000개 정도의 분량을 제공하고 있음을 참조할 수 있다.

솔루션: 전달방식의 혁신

스마트러닝의 핵심적인 솔루션 중의 하나는 검색을 할 수 있다는 점이다. 이것은 기존의 온라인 교육과는 달리 업무에 필요한 역량을 수시로 찾아서 용이하게 학습을 가능케 하는, 즉 학습활동 그 자체를 업무의 일부분으로 통합시킴으로써 현장지향의 학습목표를 달성하여 기업의 성과제고에 직접적인 영향을 미치게 하는 것이다. 더욱 세분화한다면 20~30분 정도로 표준화된 단위 콘텐츠 내에서 세부 목차데이터를 태깅(tagging)함으로써 자신에게 꼭 필요한 교육을 5~10분 단위로 끊어서 학습할 수 있도록 할 수도 있다.

스마트기기가 사용자들에게 가져다 준 가장 큰 혜택 중에 하나는 유비쿼터스(ubiquitous) 기술이다. 따라서 학습장소와 시간에 구애받지 않고 학습이 가능하도록 스마트러닝 솔루션을 구현하는 것이 필수적이다. 여기에는 크게 두 가지의 솔루션이 중요한 과제이다. 첫째는 PC, 태블릿 PC, 스마트폰 등 학습기기간 연동을 통하여 시간과 장소가 바뀌더라도 이어듣기가 가능해야 하며, 둘째는 통신상의 장애나 이동 중인 경우 등으로 인해 학습이 불가능한 상황에서도 오프라인 모드에서 학습이 가능하도록 스트리밍(streaming)뿐만 아니라 콘텐츠의 다운로드 기능도 구현해야 한다. 이 경우에는 학습자별로 승인된 기기에만 다운로드가 가능토록 하고 자료의 전송이 불가능하도록 별도의 DRM(Digital Right Management) 기능을 적용하는 것이 바람직하다.

스마트러닝에서도 기본적으로 학습자 스스로 학습을 계획하고 평가할 뿐만 아니라 학습이력을 관리할 수 있도록 하는 기본관리 모듈을 제공해야 한다. 여기에는 학습계획과 신청기능, 진도관리와 학습이력관리, 문제풀이 등이 해당되며, 이것은 기존의 온라인 교육에서도 대부분 제공되던 내용이다. 하지만 스마트러닝에서는 본인의 역량 정도에 따라 학습의 깊이를 조절할 수 있도록 다양한 조합의 콘텐츠를 제공하고 학습자가 선택적으로 학습할 수 있도록 하는 것이 가능하다. 예를 들면, 동일 주제에 대한 독립된 콘텐츠들의 조합을 통하여 콘텐츠-기본과정-심화과정-시리즈(series)-코스(course) 등으로 관련 주제에 대한 학습 분량을 요구되는 숙련 정도에 따라 학습자 스스로 조절할 수 있도록 하는 것이 필요하다. 이러한 솔루션 개념이 소위 LCMS(Learning Content Management System)라고 부르는 것으로 스마트러닝에서는 기본적으로 제공되어야 하는 기능이다.

운영: 서비스의 혁신

모든 교육에서 학습운영의 목표는 학습자에게 자발적 학습동기를 제공하여 소기의 성과를 달성하도록 서비스를 제공하는 데 있다. 이를 위해서 기존의 온라인 교육시스템에서는 운영자가 웹이나 메일, 문자 등을 통해 직접 학습자들의 학습활동을 독려하도록 하고 있으나 스마트러닝에서는 가능한 한 애플리케이션 내에 이러한 학습독려 기능을 직간접적으로 반영되도록 하는 것이 중요하다.

예를 들면, 각 과정의 특성을 잘 포착한 감성적인 디자인의 썸네일을 제작하여 홈 화면에 배치함으로써 학습자들의 시각적 자극을 통한 학습동기를 유발하거나, 영상이나 음악콘텐츠처럼 'What's Hot' 혹은 'Top 100' 등의 학습동기를 유발하는 카테고리를 구성하여 일정주기로 업데이트하는 서비스도 좋은 사례가 될 수 있다.

이러한 썸 네일의 감성적 디자인을 통한 소구나 다른 학습자들의 선호도 순위를 제시하여 운영 효율을 높이는 방법 이외에 기존의 오프라인 교육과정과 스마트러닝을 블렌디드 학습방식으로 설계하여 고비용 구조의 오프라인 교육이 갖는 교육의 단점을 스마트러닝으로 보완하여 운영하는 묘를 살릴 수도 있다.

특히 스마트러닝의 운영에 있어서 중요한 것은 회사의 전략적 방향변화나 반드시 알아야 할 주요한 사내 이슈를 신규 학습콘텐츠로 계속 업데이트하여 제공함으로써 학습동기를 지속적으로 유지, 관리해 나가야 한다는 것이다.

스마트기기가 일상의 한 부분이 되어 가고 있는 현실 속에서 스마트러닝은 기존의 교육체계가 가지고 있는 문제점들을 많은 부분 해결해 줄 수 있다. 교육담당자들의 입장에서 스마트러닝을 도입하는 방식은 세 가지 방식이 있을 수 있다. 첫 번째로는 자체적 솔루션을 구축하고 외부 콘텐츠를 임대하거나 자체 콘텐츠를 변환하여 운영하는 방식, 두 번째는 많지는 않겠지만 자체적으로 솔루션을 구축하고 자체 콘텐츠만으로 서비스하는 방식, 마지막으로 솔루션과 콘텐츠를 모두 외부에서 아웃소싱(outsourcing)하여 ASP(Application Service Provider) 방식으로 서비스받는 방식이다. 하지만 처음 두 가지 방식은 다음과 같은 이유에서 쉽지 않은 대안이 될 수 있다.

첫째, 기존에 서비스받고 있는 경영일반/직무/리더십/어학/인문교양 분야의 온라인 교육콘텐츠를 스마트러닝용 콘텐츠로 개별 기업이 전환하는 일은 시간이나 비용 측면에서 불가능한 일이다.

둘째, 단일 기종의 스마트기기를 사용하는 회사가 아니라면 가령 스마트러닝용 솔루션을 자체 구축했다고 하더라도 애플리케이션의 업데이트 횟수는 '통신회사 수×스마트기기 수×운영시스템 수'만큼이다. 개별 기업에서 기존에 생산된 많은 기종과 신규 기기, 그리고 각 운영시스템들에 최적화된 애플리케이션을 지속적으로 업데이트한다는 것도 쉽지 않은 일이 될 수 있다.

이러한 측면에서 기업교육담당자들은 스마트러닝 도입시 저비용 고효율의 외부 ASP 방식 서비스를 이용하는 것이 시간이나 비용 측면에서 절대적으로 유리할 수 있다. 이를 통해 절감되는 예산으로 스마트러닝용 자체 콘텐츠 제작이나 혼합형 교육과정을 강화해 나가는 데 투자할 수 있다면 일석이조의 교육성과를 누릴 수 있을 것이다.

▼Update Ⅰ, 2013

LEARNING SMARTER

pen Schedule

	시리즈명	교수진	콘텐츠 개수	콘텐츠 개당 평균시간	콘텐츠 총 시간	학습자료 개수	평가문항 개수	카테고리
Feb.	혁신기업에게 배우는 지속성장의 비밀	박광호	12	0:31:38	6:19:36	43	60	경영일반 〉 경영혁신
	컨설턴트처럼 전략 인사이트로 승부하라	김승일	16	0:22:09	5:54:24	70	80	MBA 〉 경영전략
	[SMART 물류]물류산업과 물류정책	하헌구	11	0:22:28	4:07:08	61	55	산업전문 〉 유통/물류
	[SMART 물류]물류센터 및 재고관리	김태승	13	0:21:42	4:42:06	102	65	산업전문 〉 유통/물류
	[SMART 물류]국제운송관리	박용화	9	0:25:15	3:47:15	66	45	산업전문 〉 유통/물류
	[SMART 물류]유통관리	김민성	9	0:19:37	2:56:33	56	45	산업전문 〉 유통/물류
	알기쉬운 물류실무	조진행	16	0:42:44	11:23:44	50	80	산업전문 〉 유통/물류
	해결! 딜레마, 실천! 윤리경영	김형철	11	0:23:40	4:20:20	41	55	경영일반 〉 윤리경영
	현장에서 통하는 문제해결 비법	김정연	20	0:18:34	6:11:20	61	100	Biz Skill 〉 기획력
	Build Up! 성공 프로젝트를 위한 건설사업관리	이범희	19	0:32:10	10:11:10	83	95	산업전문 〉 건설
	영업실무능력개발	이상윤	20	0:17:33	5:51:00	45	100	MBA 〉 마케팅/영업
	병원의 지속성장을 위한 의료경영 AtoZ	임광업	16	0:49:22	13:09:50	57	80	산업전문 〉 병원
	유통 마케팅	유용미 외	16	0:30:58	8:15:28	49	80	MBA 〉 마케팅/영업
Mar.	프리미엄 브랜드를 키우는 패션마케팅 전략	안광호 외	18	0:37:10	11:09:01	52	90	산업전문 〉 패션산업
	프로 금융인의 결정적 한 수(手), 금융마케팅	김기서	15	0:32:42	8:10:29	42	75	MBA 〉 마케팅/영업
	직장인의 품격, 성공 이미지를 창출하라!	이현정	10	0:31:54	5:19:00	58	50	Biz Skill 〉 비즈니스 매너
	금융맨을 위한 TOP SALES 비밀노트	정경호	13	0:41:47	9:03:13	57	65	MBA 〉 마케팅/영업
	프로 금융인이 반드시 알아야 하는 금융경제학	곽해선	15	0:41:11	10:17:45	63	75	경영일반 〉 경영환경
	史記 리더십, 고전에서 혁신리더를 배우다	김영수	13	0:44:24	9:37:16	62	65	리더십 〉 변화관리
	통통 튀는 인간관계와 쫀득한 소통기술	유철수	5	0:40:59	3:24:55	51	25	Biz Skill 〉 커뮤니케이션
	SMART 조직을 만드는 매니저의 혁신적 업무 스킬	강금만	15	0:48:20	11:16:40	45	70	경영일반 〉 경영기법
	문제 해결의 Smart Frame, Biz-Solver	김상수	14	0:36:42	9:10:30	66	75	Biz Skill 〉 기획력
	고객 먼저 생각하는 병원 CS 2	박인숙	14	0:41:58	9:47:37	42	70	산업전문 〉 병원
Apr.	나의 역량, 조직의 성과를 요리하라	유철수	9	0:35:54	5:23:06	86	45	리더십 〉 코칭/멘토링
	성공조직의 Secret code, 진성 리더십	윤정구	15	0:38:12	9:33:00	44	75	리더십 〉 진성 리더십
	인재경영을 위한 실전 인사노무 에센스	최승오	14	0:45:24	10:35:36	75	70	MBA 〉 인사/조직
	현장혁신 Road map, Innovation으로 경영하라	김용철	13	0:48:33	10:31:09	46	65	경영일반 〉 경영혁신
	성공 비즈니스를 디자인하는 Biz 커뮤니케이션 스킬	한봉규	15	0:38:49	9:42:15	58	75	Biz Skill 〉 커뮤니케이션
	Step by Step, 현장에서 꼭 필요한 스마트 리더십	김교식	13	0:36:51	7:59:03	84	65	리더십 〉 직급별 리더십
	CEO 이순신이 보여주는 성공 경영전략	전경일	14	0:43:10	10:04:24	70	70	경영일반 〉 경영혁신
	반드시 通하는 기획서의 시크릿 코드, Business Writing	이영곤	13	0:36:56	8:00:04	64	65	Biz Skill 〉 기획력
	고성과 조직의 시크릿 코드, 팀 의사소통 전략	김성완	14	0:33:46	7:52:50	43	70	리더십 〉 팀웍
	경영 Guru에게 배우는 최강 업무술	안상헌	15	0:33:10	8:17:33	56	75	MBA 〉 인사/조직
	실행성과를 높이는 SMART 기획力!	이영진	9	0:49:31	7:25:41	31	45	Biz Skill 〉 기획력
	조직의 성과창출을 위한 Team synergy	박광엽	14	0:48:53	11:24:26	70	52	리더십 〉 팀웍

LEARNING SMART

Open Schedule

	시리즈명	교수진	콘텐츠 개수	콘텐츠 개당 평균시간	콘텐츠 총 시간	학습자료 개수	평가문항 개수	카테고
5 May	유필화 교수에게 배우는 Business Insight	유필화	13	0:40:05	8:41:01	34	65	MBA〉경
	고객가치 혁신을 위한 성공 CRM 전략	김형수	14	0:39:17	9:09:53	38	70	MBA〉마케
	프로직장인을 위한 파워포인트 2010 종결자 되기!!	김성민	12	0:28:14	5:38:46	12	60	OA〉파워
	도전, 혁신과 성과! 나는 IT리더다	이재구	12	0:57:34	11:30:50	51	60	리더십〉
	고객만족! 컴플레인 정복하기	도상오	12	0:56:10	11:14:01	21	60	경영일반〉
	생존전략, 조선의 왕이 사랑한 자치통감	권중달	7	0:41:44	4:52:10	14	35	리더십〉
	온고지신, 공자의 성공 커뮤니케이션 전략	김성희	15	0:53:52	13:28:05	30	95	Biz Skill〉커
	지속가능 기업의 혁신 Award, 행복 윤리경영	양세영	10	0:35:14	5:52:23	18	50	경영일반〉
	하이브리드형 인재의 필수코스-HR	조형기 외	8	0:48:58	6:31:44	26	40	MBA〉인
	하이브리드형 인재의 필수코스-회계	김석진	8	1:03:00	8:24:03	23	40	MBA〉회
6 Jun.	보이스 트레이닝, 매력적인 목소리로 디자인하라!	우지은	6	0:34:52	3:29:11	11	30	자기계발〉
	혁신 CS의 첫 걸음, 게도원 박사의 고객만족 경영	게도원	14	0:31:22	7:19:05	24	100	경영일반〉
	데이터로 살펴보는 미래경영, 장영재 교수의 Talk Concert	장영재	13	0:30:54	6:41:47	26	85	MBA〉경
	감성터치 마음을 치유하는 Classic Story	홍승찬	4	0:32:46	2:11:03	4	20	자기계발〉
	직장인의 자격 엑셀2010	윤소영	15	0:42:41	10:40:16	15	75	OA〉엑셀
	직장인의 자격 워드2010	윤소영	15	0:42:10	10:32:35	15	75	OA〉워드
	고객감동을 위한 친절서비스	장수용	10	0:33:29	5:34:55	22	50	경영일반〉
	스마트 세상의 세일즈 성공비법-발굴전략	PSI컨설팅	6	0:32:34	3:15:22	18	30	MBA〉영
	스마트 세상의 세일즈 성공비법-상담전략	PSI컨설팅	7	0:41:49	4:52:42	28	35	MBA〉영
	스마트 세상의 세일즈 성공비법-강화전략	PSI컨설팅	5	0:37:13	3:06:03	15	25	MBA〉영
7 Jul.	新 군주론, 마키아벨리에게서 강한 리더십을 보다	김경준	15	0:31:14	7:48:34	45	75	리더십〉
	컨설턴트처럼 공감하고 커뮤니케이션하라!	신영욱	15	0:39:27	9:51:38	45	75	Biz Skill〉
	배우Go! 성장하Go! 신입사원 최강훈련소	조세형	13	0:25:54	5:36:36	39	65	Biz Skill〉
	감성터치, 마음을 치유하는 Classic Story	홍승찬	4	0:32:34	2:10:16	12	20	인문/교양
	보이스 트레이닝, 매력적인 목소리로 디자인하라	우지은	6	0:34:37	3:27:39	18	30	Biz Skill〉
	지속가능기업의 혁신 Awards, 행복윤리경영	양세영	10	0:32:28	5:24:39	30	50	경영일반〉
	기업회계 Restart, 숫자로 승부하라!	한만용	20	0:41:51	13:57:01	60	100	MBA〉회
	[생존전략]조선의 왕이 사랑한 자치통감	권중달	7	0:41:44	4:52:10	21	35	리더십〉
	창조를 이끄는 Creative Thinking	공성표	14	0:19:04	4:27:00	42	70	Biz Skill〉
	박경림의 Upgrade your Networking	박경림	14	0:23:05	5:23:17	42	70	Biz Skill〉
	Top Team 양성을 위해 이규창 코치가 떴다.	이규창	15	0:32:08	8:01:58	45	75	리더십〉
	막강군주의 비밀, 한비자 리더십	이상수 외	15	0:47:19	11:49:47	45	75	리더십〉
	[IT@교정]핵심을 콕 집어 주는 JAVA 프로그래밍	김영아	14	0:38:23	8:57:26	42	70	IT〉IT프

교수설계

PC를 통한 온라인 교육과정의 국내 교수설계 수준은 이미 잘 알려진 대로 세계적인 위치에 서 있다. 하지만 스마트폰이나 태블릿 PC 등 스마트기기를 통한 스마트러닝용 콘텐츠에 대한 교수설계 수준은 다양한 스마트기기들의 물리적 발전속도만을 고려한다 하더라도 지금까지의 교수설계 수준과는 큰 차이가 있을 수밖에 없으며, 앞으로도 많은 연구가 필요한 부분이다.

특히 시공간적인 제약없이 스마트기기를 사용하는 학습자의 학습환경과 경험을 고려한다면 콘텐츠의 물리적 규격이나 학습 분량 등 외적 요건뿐만 아니라 짧은 시간 내 필요한 학습내용을 언제 어디서나 쉽게 찾아서 학습할 수 있도록 하는 내적 요건에 대해서도 심도있는 검토가 필요하다.

아래에서는 스마트러닝용 콘텐츠 개발에 필요한 교수설계 요건을 내적 교수설계 요건과 외적 교수설계 요건으로 구분하여 살펴보고자 한다.

내적 교수설계 요건

일반적으로 기업교육을 위한 이러닝 교육과정의 설계요소는 크게 과정(course)과 과정이 세분화된 다수의 콘텐츠(content)로 구분할 수 있다. 스마트러닝용 콘텐츠의 제작에 이러한 과정과 콘텐츠의 개념을 적용하면, 과정의 설계방식은 달성코자 하는 학습목표와 강의유형, 그리고 학습내용과 대상에 따라 결정된다. 여기에는 튜토리얼(Tutorial), 스토리텔링(Storytelling), PBL(Problem-Based Learning), CBL(Case-Based Learning), 프로젝트 학습, 프리젠테이션(Presentation), 시뮬레이션(Simulation) 등 20여 가지가 넘는 다양한 방식이 있을 수 있다.

따라서 스마트러닝용 콘텐츠의 교수설계란 과정단위의 설계방식에 따라 이를 구성하는 차시 단위의 활동들을 설계하는 것이며, 구체적으로 오리엔테이션, 문제제기, 가설, 정보제공, 사례제시, 리포트, 실습, 평가, 보고, 성찰 등으로 구성된다.

예를 들어 ㈜인더스트리미디어는 이러한 개념에 기반하여 스마트러닝용 콘텐츠를 활동단위의 교수설계 방식으로 표준화하여 콘텐츠를 개발하고 있으며, STAR™이라는 자체 설계방식을 개발하여 활용하고 있다. ㈜인더스트리미디어는 스마트러닝용 교수설계 방식의 표준화를 통하여, 크게는 스마트러닝을 통해 학습자들에게 제공하고자 하는 가치들을 실현해 나가고 있으며, 작게는 콘텐츠 품질 향상뿐만 아니라 개발 프로세스와 비용을 효율화하는 등의 다양한 목표를 달성해 나가고 있다.

Stimulate(자극)   학습자의 자발적인 학습을 유도하는 단계이다. 학습 주제를 소개하고, 중요성을 설명하며, 학습자의 흥미를 유발하는 내용으로 구성한다.

Transfer(전이)   전문가의 지식이나 아이디어, 관점, 정보를 관찰, 경험하게 함으로써 자신의 업무를 성공적으로 수행하도록 하는 단계이다. 과정 설계방식인 튜토리얼, 스토리텔링, 프리젠테이션 등의 교수설계 특성이 가장 잘 드러나는 단계이며, 학습내용을 중점적으로 전달하는 활동들로 구성되어 있다.

Affirm(확인)   관찰, 경험한 새로운 내용을 다시 한 번 확인하는 단계이다. 학습이론에 따르면 학습자가 학습결과를 내재화하기 위해서는 두뇌의 장기 기억장소에 학습내용을 저장해야 하지만 대부분 반복을 통한 확인 단계가 없어 그 효과가 줄어들거나 소멸되는 것으로 보고하고 있다. 이 단계에서는 학습한 내용에 대해 확신을 주고 학습자의 기억을 강화하기 위해 성공사례 제시, 전문가 의견 청취 등으로 학습했던 내용을 확장시킬 수 있도록 한다.

Review(회상)   학습내용을 정리하고 요약함으로써 학습내용을 더욱 명확히 하고, 통찰력을 높이는 단계이다. 주요 내용을 키워드 중심으로 요약하여 전달하고, 후행 학습을 소개하며 퀴즈 형식의 평가를 진행한다.

외적 교수설계 요건

외적 교수설계 요건이란 교수설계 방식의 거시적 틀인 내적 교수설계 요건을 결정한 이후에 콘텐츠를 구성하는 세부 요소인 텍스트, 이미지, 일러스트레이션, 애니메이션, 시뮬레이션, 비디오를 활용하여 학습할 사실이나 절차, 원칙들을 구현해 나가는 방식을 결정하는 것이다.

스마트러닝이 이러닝과 차별화되는 가장 큰 차이는 교육의 전달방식에 있다. 콘텐츠의 전달방식이 PC뿐만 아니라 다양한 스마트기기를 통해 이루어지기 때문에 당연히 기존의 이러닝과는 외적 교수설계 요건에 차이가 있을 수밖에 없다.

여기서는 ㈜인더스트리미디어의 외적 교수설계 요건을 사례로 살펴보고, 그 시사점을 논의해 보고자 한다.

메타데이터 스마트러닝은 언제 어디서든 자신이 필요로 하는 내용을 최단 시간 내에 탐색해서 학습할 수 있도록 하는 검색기능과 자기주도적으로 학습계획을 수립하고 관리할 수 있도록 하는 개인화 기능이 필수적이다. 이를 위해서는 콘텐츠 설계시 고유의 표준화된 분류체계를 만들고, 이를 규정하는 메타데이터를 생성하여 관리할 필요가 있다. 일반적으로 여기에는 콘텐츠 고유번호와 제목, 간단한 요약설명 등을 나타내는 일반정보, 개발 버전과 교수설계유형, 학습시간 등을 나타내는 콘텐츠 정보, 시리즈 정보와 저작권자, 그리고 사용 조건을 나타내는 저작권 정보 등을 담게 된다.

㈜인더스트리미디어는 총 23,000여 개의 각 콘텐츠당 40개의 메타데이터를 가지고 있으며, 그 분류체계 내용을 살펴보면 일반정보로는 과정고유번호, 제목, 요약, 내용전문가, 그리고 콘텐츠 관련정보로는 개발버전, 교수설계유형, 학습시간, 저작권, 대·중·소분류 카테고리 정보가 있다. 더욱 세부적으로는 키워드 순위별로 10개 이상의 주제어, 소제목명, 퀴즈풀이 문항정보, 교재 정보들이 담겨 있다.

화면설계 PC 환경과 모든 스마트기기의 기기별 환경은 다를 수밖에 없다. 우선 보여지는 화면 사이즈 자체부터 많은 요소가 다르다. 기존 이러닝에서 사용하던 콘텐츠를 스마트러닝에서 그대로 사용한다면 가독성의 저하는 물론, 불필요한 상호작용도 많아지게 된다. 따라서 다양한 스마트기기에서 학습이 가능하기 위해서는 3스크린(PC, 스마트폰, 태블릿 PC)에 최적화된 화면설계가 필요하다. 가장 기본적인 폰트 사이즈를 적합하게 맞추는 것부터 학습내용에 적절한 화면을 설계하는 것까지 모두 중요하다. 특히 학습에 방해될 수 있는 클릭이벤트, 선 긋기, 마우스 오버 등 불필요한 상호작용을 제거하여 학습자가 학습에 집중할 수 있도록 해야 한다.

학습분량 기존 이러닝은 과정별로 평균 10시간 이상의 학습을 진행하는 구조이다. 이러한 방식은 학습자의 학습요구와 상관없이 일방적으로 학습내용이 부여되기 때문에 학습자에게 많은 부담을 안겨주는 주는 것이 사실이다. ㈜인더스트리미디어의 스마트러닝에서는 학습자가 목표로 하는 내용만을 짧은 시간에 학습하여 업무현장에 활용할 수 있도록 핵심위주의 짧은 콘텐츠를 설계하고 있으며, 불필요한 부가정보와 상호작용을 최소화하여 단위 콘텐츠당 대부분 20~30분을 초과하지 않도록 설계하고 있다.

소제목 단위 콘텐츠당 학습분량을 대부분 평균 20~30분 정도로 설계하고 있으나, 학습자에 따라서는 콘텐츠 내에 목차별로 태그되어 있는 3~5개의 소제목를 통하여 필요한 내용을 더욱 빠르게 찾아서 학습할 수 있도록 그 적시성을 제고하고 있다.

예를 들어 ㈜인더스트리미디어의 외적 교수설계의 기준을 살펴보면, 우선 콘텐츠의 화면 사이즈는 가로 1024*세로 720픽셀, 기본 폰트 18~22pt, 프로토타입(prototype) 차시 개발 후 연관 콘텐츠 개발, 표준 커버페이지 첨부, 스토리보드를 활용한 콘텐츠별 교재 파일 생성, 25분 내외의 학습분량, 그리고 5개의 랜덤형 평가문제풀이 제공 등이 기본적인 외적 교수설계요건으로 구성되어 있다.

향후 과제

국내 기업교육분야에서 스마트러닝의 성과를 논하기에는 아직 이르다고 볼 수 있다. 하지만 2010년 말부터 서비스되기 시작한 스마트러닝은 과거 이러닝에서 이루어 놓았던 성과를 기반으로 최근 매우 빠르게 확산되고 있다. 그만큼 스마트러닝 분야에서도 고효율의 교수설계 방식이 요구되고 있다. 이를 위해서는 기업 스스로 스마트러닝을 통해서 학습자들에게 제공하고자 하는 최상의 가치가 무엇인지를 우선적으로 규정해야 하며, 이것에 기반하여 내적, 외적 교수설계 요건을 정의해야 한다. 아래는 ㈜인더스트리미디어가 규정하고 있는 스마트러닝에 대한 가치제안(value proposition)이다.

"학습자가 필요로 하는 콘텐츠와 학습자료를 자기주도로 최단 시간 내에 탐색하여 적시에 학습할 수 있도록 하는 효과적인 도구를 제공하며, 이를 통하여 학습과 업무성과의 일체화를 꾀한다."

앞으로 스마트러닝을 위한 가치제안 자체도 지속적으로 재정의해 나가야 하겠지만, 학습정보의 빠른 증가에 대비한 콘텐츠의 신속한 제공, 정보통신기술의 지속적인 발전에 따른 다양한 교수설계유형의 적용, 메타데이터를 활용하여 학습자의 니즈, 스타일, 학습능력별로 자원기반의 학습이 가능하도록 하는 등의 많은 현실적인 과제들이 교수설계 분야에 놓여 있다.

▼Self-Directed Ⅰ, 2013

학습콘텐츠관리시스템 개발

학습콘텐츠관리시스템(Learning Content Management System: LCMS)은 이러닝에서 사용하는 학습 콘텐츠를 관리하는 시스템을 일컫는다. 학습을 하기 위해 만들어진 학습 콘텐츠를 저장소에 업로드할 수 있도록 도와주며, 이렇게 업로드된 콘텐츠를 학습관리시스템이 사용할 수 있도록 순서화, 그룹화할 뿐만 아니라 콘텐츠의 메타데이터를 저장, 관리하는 등의 역할을 수행한다.

그러나 현재 국내 대부분의 이러닝시스템에서 LCMS는 콘텐츠 저장소 외의 특별한 기능을 수행하지 않는다. 이것은 콘텐츠 등록시 개별 콘텐츠 단위보다는 주로 과정단위로 콘텐츠가 등록되기 때문이며, 관리 또한 개별 콘텐츠 단위로 관리되는 것이 아니라 과정단위로 관리되고 있기 때문이다. 하지만 향후 LCMS가 단순히 콘텐츠의 저장위치 정도를 기억하는 시스템으로만 계속 사용될 경우 많은 문제를 야기할 수 있다.

현재의 이러닝에서 적용되고 있는 LCMS는 과정 전체를 학습자에게 전달하는 데는 적절한 역할을 하고 있다. 이것은 학습자가 학습해야 할 과정 내 콘텐츠의 순서를 저장하는 기능과, 주어진 조건대로 학습자가 학습을 하고 있는지에 대한 감시 차원의 역할 정도를 의미한다. 그러나 주어진 규칙과 순서로부터 벗어나 학습자의 자기주도학습을 위한 기능을 갖추려면 지금의 LCMS로는 제한적이다.

다시 말해, PC와는 달리 개인이 각자 소유하고 다니는 스마트기기들을 통해 학습이 이루어진다고 보면, 과거 정해진 학습규정과 순서에 따라 학습하던 때의 단순한 LCMS로는 학습 콘텐츠의 관리가 어려울 수도 있다는 의미이다. 여기서는 현재 빠른 속도로 확산되는 스마트기기들을 이용한 학습, 즉 스마트러닝이 효과적으로 발전하는 데 대응하기 위해서 LCMS는 어떻게 설계되어야 하는지에 대해 논의해 보고자 한다.

스마트러닝과 LCMS 설계방안

스마트기기의 확산에 기반한 스마트러닝의 출현으로 인해 기존 LMS는 개별 콘텐츠 단위의 학습을 가능하게 하는 LCMS로 재구축되어야 하며, 이를 위해서는 콘텐츠, 솔루션, 그리고 서비스 측면에서 새로운 LCMS 설계전략을 수립해야 한다. 다음으로 스마트러닝을 위해 LCMS는 어떻게 구성되어야 하며, 어떤 역할을 해야 하는지 콘텐츠, 솔루션, 그리고 서비스 측면으로 나누어 살펴보고자 한다.

콘텐츠 측면

부분학습이 가능하도록 설계 콘텐츠를 초기 설계할 때부터 학습자가 필요로 하는 부분으로 이동을 할 수 있도록 단위 콘텐츠 내에서도 세부단위를 구분하여 태깅을 해두어야 한다. 이렇게 하면 학습자는 단위 콘텐츠의 용량이 아무리 크다 하더라도 필요한 부분만 쉽게 찾아서 학습함으로써 불필요한 콘텐츠 재생으로 인한 시간적, 경제적 비용을 줄일 수 있게 된다.

필요한 부분만을 재생하는 LCMS LCMS가 관리해야 할 대상이 매우 작은 단위로 구성되어 있을 경우, 오히려 시스템의 부하를 가중시켜 학습자가 학습단위를 찾아가는 데 필요한 시간적 비용이 증가되며, 시스템 운영 측면에서는 시스템을 최상으로 유지시키기 위한 유지보수 비용이 증가된다. 따라서 콘텐츠는 학습자가 한 번에 학습할 수 있는 적정시간을 고려하여 설계해야 하며, LCMS는 적정 학습분량으로 설계된 각각의 콘텐츠를 효과적으로 관리하여 시스템 내에서 학습자가 원하는 위치로 쉽게 이동할 수 있도록 설계해야 한다.

검색에 필요한 메타데이터의 생성과 관리 스마트러닝에 있어서 LCMS는 과정단위로 운영되던 기존의 이러닝에서보다 세부적인 단위 콘텐츠로 나뉘어 관리되어야 하므로, 학습자가 자신에게 필요한 해당 콘텐츠를 쉽게 찾을 수 있도록 메타데이터를 생성, 관리해야 한다. 단위 콘텐츠별 메타데이터를 정확히 생성하여 학습자가 필요로 하는 콘텐츠 정보를 적시에 제공함으로써 학습성과의 제고뿐만 아니라 이러닝에서 허비한 시간적 기회비용을 대폭 경감시킬 수 있다.

솔루션 측면

실시간 학습 현황정보를 제공하는 LCMS 과거 이러닝 LMS는 학습자의 학습장소와 시간에 대해서는 그리 중요하게 생각하지 않았다. 그러나 스마트러닝을 위한 LCMS에서는 학습자가 언제, 어디에서, 어떤 학습을 하고 있는지에 대한 정보를 분석할 수 있으며, 이러한 학습자들의 학습로그를 분석한 현황정보를 학습자들에게 제공함으로써 현재 화두가 되고 있는 콘텐츠, 또는 현재 위치에서 화두가 되고 있는 콘텐츠들에 대한 정보도 실시간으로 제공해 줄 수 있다. 더불어 학습자들이 학습하고 있는 콘텐츠에 대한 현황정보를 인터넷에서 실시간으로 제공하고 있는 기사와 연관시켜 그 정보를 분석, 제공할 경우 현재 사회적 주요 이슈에 대한 맞춤형 학습도 가능해진다.

맞춤형 학습 콘텐츠 추천 기능을 제공하는 LCMS 스마트폰의 일정관리 등에 들어 있는 데이터들과 LCMS가 관리하고 있는 메타데이터들을 연계하여 분석하면, 다른 사람들과의 회의나 미팅 전에 필요한 지식을 바로 학습하고 미팅에 임할 수도 있다. 과거

'매트릭스'라는 영화에서처럼 필요한 지식을 바로 머릿속으로 입력하는 형태는 아니더라도 현재 내게 필요한 지식이나 학습이 어떤 것인지 정도는 쉽게 알려 줄 수 있는 것이다.

이처럼 과거 이러닝에서는 상관관계가 없어 보이던 단순한 개별 데이터의 집합들이 스마트러닝이라는 새로운 생태계 내의 LCMS에서는 서로 연결되므로 과거에는 없었던 새로운 정보와 결과들을 가져다 줄 수 있을 것이다.

서비스 측면

여기서는 기업교육용 스마트러닝 사업을 진행하고 있는 ㈜인더스트리미디어의 사례를 통해 현재 스마트러닝을 위한 LCMS가 어떻게 설계되어 서비스가 이루어지고 있는지 간단히 살펴보고자 한다.

개별 콘텐츠 단위로 LCMS에 등록/관리　모든 콘텐츠들은 평균 25분 가량의 개별 단위들로 구분되어 있으며, LCMS에는 이러한 단위가 하나의 독립된 객체로서 등록/관리되고 있다. LCMS는 각 콘텐츠들이 어떠한 학습내용들을 가지고 있는지에 대한 간략한 요약과 더불어 단위 콘텐츠 내 소목차 정보도 포함하여 평균 25분 단위의 학습 콘텐츠 안에서도 5~10분 분량의 세부단위로 학습이 가능하도록 지원하고 있으며, 23,000여 개의 각 콘텐츠당 40여 개씩의 메타데이터를 등록/관리하고 있다. 각 콘텐츠에 대한 카테고리 정보나 과정구성 등 학습자의 인구통계적 변수에 따

라 조정될 필요가 있는 정보는 LMS에서 관리하기 때문에 LCMS
는 콘텐츠 자체에 대한 세부 정보들만 가지고 있다.

콘텐츠들에 대한 접근 및 학습 키워드 검색을 통해 콘텐츠 단위
로 검색이 가능하며, 콘텐츠가 속한 모든 과정 정보까지 분석하
여, 검색된 결과를 과정 및 개별 콘텐츠 단위로 분리하여 보여준
다. 이때 검색되는 데이터는 LCMS에 저장된 개별 콘텐츠들에 대
한 메타데이터 정보와 저자에 대한 정보, 콘텐츠에 종속된 템플
릿 내용까지 전문검색엔진을 통해 검색하게 된다.

다운로드 서비스 LCMS가 관리하고 있는 수많은 메타데이터들
중에 핵심적인 내용들은 스마트러닝 앱(App: Application)에도
포함되어 있어 스마트기기가 온라인에 접속되어 있지 않아도 학
습자가 콘텐츠 정보를 확인할 수 있고, 보안이 적용된 콘텐츠를
미리 앱에 다운로드받아 놓으면 인터넷통신이 되지 않는 오프라
인 상태에서도 학습을 할 수 있다. 물론 온라인 상태가 되었을 때
오프라인에서의 기존 학습이력과 관련된 일체의 정보는 LCMS로
전송된다.

이상에서 우리는 스마트러닝을 위해 LCMS 설계시 고려해야
할 주요 기능들에 간단히 살펴보았으며, 앞으로도 LCMS는 많은
발전이 예상된다. 향후 스마트러닝에서 계속 발전하리라고 보는
가장 중요한 기능 중의 하나는 학습자가 원하는 교육과정을 자
기주도적으로 구성하여, 자신에게 필요한 새로운 과정을 생성하
여 학습할 수 있도록 지원하는 것이다. 이것은 물론 기술적으로

풀어야 하는 과제일 수도 있지만 교육담당자들의 인식전환이 우선되어야 할 부분이기도 하다. 기존 이러닝처럼 학습자에게 과정 단위의 학습을 강요하고, 학습진행 시간에 따라 학습의 완료 여부를 판단하는 과거의 LMS시스템을 고집한다면 모처럼 맞이한 스마트러닝을 통한 혁신기회를 거부하는 것과 마찬가지이다.

교육시스템에 대해 기원전 5세기 소크라테스는 이미 다음과 같이 얘기했다. "사람들은 강압적인 상황에서보다 자기주도적으로 학습할 때 더 많은 것을 배운다(People learn more on their own rather than being forced)."

▼Self-Directed Ⅱ, 2013

자기주도학습

스마트러닝의 대표적 활용 측면을 생각해 볼 때 자기주도학습 (self-directed learning)을 빼놓을 수 없다. 자기주도학습은 학습자가 자신의 필요에 의해서 스스로 목표를 설정하고, 자신의 수준에 맞는 학습대상을 찾아 스스로 학습하는 것을 의미한다. 이러한 자기주도학습은 다른 어떤 학습방법보다 학습효과가 뛰어나다. 학습의 필요성을 스스로 인지하고 타율이 아닌 자신의 필요에 의해서 주도적으로 학습하는 것이기 때문에 학습 몰입도가 높으며, 따라서 학습효과가 높을 수밖에 없다. 결과적으로 학습 만족도 또한 부수적으로 높은 것이 일반적이다. 그렇기에 자기주도학습은 학습효과를 높이기 위한 교육 방법론으로서 매우 큰 의미를 지닌다.

그렇다면 스마트러닝에서는 자기주도학습을 어떻게 지원하는 것일까? 나날이 발전하고 보급이 증가하고 있는 스마트 디바이스의 다양한 기능을 자발적이고 적극적인 참여로 학습에 대한 몰입을 중진시키는 자기주도학습과 연계시키는 방안에는 어떤 것들이 있을까? 그 해답은 어렵지 않게 찾아볼 수 있다. 이를 솔루션, 콘텐츠, 운영 측면에서 살펴볼 것이다.

스마트러닝 솔루션 측면에서의 자기주도학습

자기주도학습과정은 Plan-Do-See로 구성된 일반 경영 프로세스와 크게 다를 바 없다. 즉, 자기주도학습과정은 학습계획 수립, 학습, 평가 및 피드백이라는 일련의 절차를 거치며 반복된다. 각 단계별로 스마트러닝 솔루션 측면에서 제공 가능한 것들은 매우 많다.

학습계획 수립 단계 이 단계에서 학습자는 자신이 일정 기간 동안 학습하고자 하는 학습대상을 탐색하고 결정한다. 물론 이 과정에서 역량모델에 의거한 자기계발계획(Individual Development Plan: IDP)에 기초하는 것이 일반적이다. 이는 자신이 스스로 학습하겠다는 다짐을 하는 단계이다. 스마트러닝에서는 월별 또는 분기별 학습대상을 설정하고 이 정보를 저장할 수 있다. 그리고 해당 시기가 되면 알림 기능을 통해 자신이 기초에 설정한 학습계획을 알려주고 학습을 유도할 수 있다. 물론 시간이 흘러가고 상황이 바뀜에 따라 설정된 학습목표와 대상을 수정·변경하는 것도 가능하다.

학습실행 단계 이 단계에서는 검색 기능, 속도조절 기능, 구간 반복 기능을 활용할 수 있다. 검색 기능은 업무를 수행하는 과정에서 자신에게 꼭 필요한 학습 콘텐츠를 쉽게 찾을 수 있도록 해주는 기능이다. 이 과정에서 단순 빈도 분석에 의한 검색보다는 업무 관련성이 높은 검색 결과를 가져올 수 있는 검색 기능이 필요하다. 그리고 이전 학습계획 수립 단계에서도 검색 기능은 필수적이다. 자신에게 필요한 분야의 학습대상이 무엇인지를 탐색할 수 있어야 제대로 된 학습계획을 수립할 수 있기 때문이다. 결국 최적화된 검색 기능은 학습계획 및 실제 학습 단계에서 매우 중요한 요소라 할 수 있다. 좀 더 구체적으로는 스마트러닝의 검색 기능이 연관 검색, 주제어 검색, 검색어 자동 완성 기능 등까지 포함하면 훨씬 더 효과적이다. 속도조절은 학습자의 숙련도에 따라 또는 내용의 난이도에 따라 학습자가 자신에게 적절한 속도로 재생기를 조절하는 기능이다. 업무 숙련도가 높거나, 내용이 평이한 콘텐츠의 경우에 배속 기능을 활용하면 학습자는 자신이 처한 상황에 따라 한결 효율적으로 학습할 수 있게 된다. 구간 반복 기능은 학습 콘텐츠에 대한 이해도에 따라 일정 구간을 다시들을 수 있도록 하는 기능이다. 이 기능은 특히 어학 분야에서 유용하지만 꼭 어학 분야가 아니어도 직무 분야에서도 활발하게 활용 가능하다.

평가 및 피드백 단계 여기서 말하는 평가는 일반적으로 생각하는 시험 또는 테스트의 개념이 아니다. 학습한 내용을 충분히 이해했는지의 개념보다는 자신의 학습 활동이 적절했는지에 대한 평가이다. 즉, 학습 속도가 너무 늦다든가, 너무 빠르다든가 하는 것을 평가하고 자동으로 알려주는 기능이다. 자신이 설정한 학습 목표량에 미달했을 때 자동적으로 푸시 알림을 보내거나, 문자를 보내는 기능이 평가에 해당한다. 이렇게 함으로써 자칫 나태해지기 쉬운 학습자의 학습 태도를 계속적인 학습 분위기로 유도할 수 있다. 피드백 측면에서는 학습을 종료했을 때 관련 분야의 추가적인 학습을 추천하는 기능이 중요하다. 학습의 특성상 계속 학습 또는 연계 학습이 중요한 것은 당연하다. 이 계속 학습 또는 연계 학습을 돕는 것이 바로 추가 학습 추천 기능이다. 어느한 학습 콘텐츠를 수강 완료하고 난 뒤 내용상으로 연관성이 높은 콘텐츠를 학습자에게 알려주고 추천하는 기능이 있다면 학습자의 학습 의욕은 계속적으로 유지될 수 있다.

스마트러닝 콘텐츠 측면에서의 자기주도학습

콘텐츠 측면에서 스마트러닝이 자기주도학습을 지원하는 방안은 크게 콘텐츠 길이, 맞춤화된 콘텐츠, 책갈피 기능에서 살펴볼 수 있다.

콘텐츠 길이 분절화된 콘텐츠가 스마트러닝 및 자기주도학습에 필수적이라는 사실은 의심할 여지가 없다. 콘텐츠가 짧게 분절화되어 있어야만 학습자가 정작 필요한 부분만을 골라서 학습할 수 있다. 나에게 딱 맞는 부분만 학습함으로써 학습의 효율 및 효과를 높여준다. 그러나 분절화된 콘텐츠라 할지라도 콘텐츠의 길이에 대해서는 의견이 다양하다. 일부에서는 5분 정도가 적당하다고 하고, 또 일부에서는 20~30분 정도가 최적이라고 제시하기도 한다. ㈜인더스트리미디어에서 기업교육 담당자를 대상으로 실시한 설문조사 결과에 의하면 34%의 응답자가 10~20분을, 29%의 응답자가 20~30분을, 22%의 응답자가 10분 이내가 적절하다고 응답했다. 설문조사 결과에 의하면 직무역량 제고의 기업교육용 콘텐츠는 충분한 내용 전달이 가능하게 하기 위해서 최소 10분 이상 30분 이내가 적절하다는 것을 알 수 있다. 학습으로서의 의미를 지니기 위해서는 최소 10분 이상은 되어야 하며, 또한 30분 이상이면 집중도가 저하된다는 의견으로 해석해볼 수 있다. 물론 5분 정도의 짧은 길이의 콘텐츠에 대한 니즈도 있지만 이 경우는 시사, 트렌드, 요약 정리 등의 경우에 적합한 방법이라고 볼 수 있다.

맞춤화된 콘텐츠 이 의미를 한마디로 요약한다면 자기 수준 또는 상황에 맞는 콘텐츠라 할 수 있다. 자신의 관심 분야, 수행 업무 분야에 적절한 콘텐츠 또는 학습자의 개인 특성이나 상황에 적합한 콘텐츠가 제시된다면 자기주도학습 결과는 매우 높아질 수 있다. 이를 위해서 기본적으로 해결되어야 할 과제가 있다. 다름 아닌 콘텐츠의 양이다. 어느 정도 수준까지는 콘텐츠의 절대적인 수가 확보되어야 한다. 왜냐하면 직급별, 직무별, 수준별로 콘텐츠를 맵핑하는 과정에서 특정 분야에 콘텐츠 공백이 발생하면 곤란하기 때문이다. 기본적으로 필요한 콘텐츠의 절대적인 양을 충족한 이후에는 시급한 부분이나 중요한 부분 중심으로 확충해 나가면 될 것이다. 일부 대기업에서 스마트러닝 도입을 시작하면서 콘텐츠 수에 대한 깊은 고민 없이 그저 솔루션 측면에서만 생각하고 무작정 많은 투자비를 들여 시스템을 구축한 사례가 있었다. 그러나 일종의 개점 휴업 상태, 콘텐츠가 없는 학습 시스템은 무의미하다.

책갈피 기능 이 기능은 자기주도학습에 많은 도움을 준다. 종이 책에서 자주 이용되는 고전적인 책갈피의 개념을 스마트러닝에도 도입하여 특정 부분에 대한 기억을 환기시켜줄 수 있다. 또한 특정 부분에 대한 반복 학습이 가능하며, 필요시 참조할 수 있다. 더 나아가서는 콘텐츠 중 필요한 부분에 태그를 심어 놓은 뒤 태그를 터치할 경우 해당 부분으로 바로 이동하여 학습할 수 있는 기능도 활용할 수 있다. 일종의 확장된 책갈피 기능이라 할 수 있다. 하지만 30분짜리 콘텐츠 하나에 책갈피 기능을 제작하는 데에도 많은 공수와 비용이 소요되기 때문에 태그 수준으로 자세히 제시하지는 않는다 할지라도 학습내용 단위에 따라 5분 정도 분량의 목차로 구분한 뒤, 목차별 이동이 가능한 스마트러닝 콘텐츠는 이미 ㈜인더스트리미디어에서도 제공하고 있다.

이상의 내용과는 별개로 콘텐츠 뒷부분에 재미있는 퀴즈, 유머, 의외의 상식 등을 제시하고 연계되는 후속 콘텐츠에서 답을 제시함으로써 학습자의 지적 욕구를 충족시키면서도 후속 학습을 자연스럽게 유도할 수도 있을 것이다.

또는 학습 콘텐츠에 부가된 학습자료의 제공도 훌륭한 방법이 될 수 있다. 학습자가 실제 업무 수행 과정에서 바로 활용할 수 있는 파워포인트나 워드 형식의 학습자료라면 더욱 좋을 것이다.

스마트러닝 운영 측면에서의 자기주도학습

자기주도학습에 있어서 가장 중요한 요소는 다름 아닌 자발적인 학습 동기유발이다. 스스로 학습하고자 하는 의욕이 있을 때 학습 몰입도가 높아지고 효과가 높기 때문이다. 그런데 때에 따라서는 이 학습동기가 약한 경우도 있다. 이런 경우 학습의욕을 고취시키기 위한 활동이 가장 중요한 요소가 될 수 있다. 스마트러닝의 운영 측면에서 학습자의 동기유발을 위한 방법론으로서는 이슈 레이징(issue raising) 기법을 들 수 있다. 학습관점에서의 이슈 레이징은 학습을 위한 호기심 유발을 위해 주요 이슈나 테마를 감성적이거나 자극적인 방법으로 제시하는 것을 의미한다.

자신이 무엇을 학습해야 하는지, 또는 현재 필요한 학습분야가 무엇인지를 모르는 경우에는 자기주도학습이 이루어질 수 없다. 현재 상태에서 그저 멈춰 있게 된다. 이런 경우 학습자들을 대상으로 학습의 필요성을 인식할 수 있도록 해주는 기능이 바로 이슈 레이징이다.

예를 들어, 최근 신문 지상에서 '빅데이터'에 대한 언급이 많고 기업계에서 핫 이슈가 되고 있다. 이런 경우 그저 '빅데이터 기초' 또는 '빅데이터 제대로 알기'하는 식의 신규 콘텐츠 소개로는 부족하다. 대신, '최근 모 회사에서 빅데이터 분석으로 1,000억을 벌었다는데!'라는 식의 신규 콘텐츠 소개가 이루어진다면 그 반응은 확연히 달라진다. 또 다른 예로서는 '마냥 게으르기만 한 김대리는 왜 영업실적이 높을까?'라든가 '상사는 내 말을 왜 못 알아 들을까?'라는 식의 이슈 레이징도 가능하다. 단지 콘텐츠의 주요 내용을 소개하거나 요약하는 차원을 넘어 학습자의 학습 욕구를 강하게 자극하는 홍보성 카피를 만들어낼 필요가 있다는 의미이다. 이런 식으로 학습자에게 학습에 대한 궁금증이나 관심을 유발할 수 있는 이슈 레이징이 필요하다.

운영 측면에서 이슈 레이징 이외에 추가적인 것을 언급해 본다면 일종의 소셜러닝(social learning) 개념의 도입이다. 자신과 관심분야가 비슷하거나 유사한 콘텐츠 분야를 학습하는 사람과의 소통을 위한 쪽지 기능이나 의견 달기 기능 또는 학습자들간 추천 기능도 훌륭한 방법이 될 수 있다.

이처럼 솔루션, 콘텐츠, 운영 측면에서 스마트러닝은 자기주도학습을 지원하는 많은 기능과 환경을 제공하고 있다. 기업교육 전문가들이 스마트러닝을 단순한 기술변화의 추세로만 보지 않고 특별히 주목하는 이유가 여기에 있다. 아무리 취지가 좋고 방향이 좋아도 구체적인 방법론이 없으면 사상누각에 불과하다. 이제 자기주도학습 방법론의 하나로 새롭게 떠오르고 있는 스마트러닝에 대한 깊이 있는 연구와 이를 통한 적절한 활용이 절실히 필요한 시점이다. 하루가 다르게 새로운 기술이 도입되는 상황에서 자기주도학습을 구현해 줄 수 있는 다양한 스마트러닝 기능은 앞으로 기업교육의 성과를 높이는 새롭고 중요한 대안이 될 것이다.

▼eLearning：Waltz, 2011

▼Presto, 2011

활성화 방안

    스마트기기의 확산은 이제 기업교육 담당자들로 하여금 스마트러닝을 도입해야 하는가에 대한 당위성을 논의하기보다는 어떻게 도입하는 것이 바람직하며, 도입한다면 그 활성화를 위해 어떤 역할을 수행해야 하는지에 대해 더 많은 관심을 쏟게 만들고 있다. 즉, 스마트러닝이 더 이상 교육의 새로운 전달 수단으로써 제공하는 '언제 어디서든지 자기주도적으로 필요한 교육만 선택적으로 학습할 수 있다'는 이점을 무시하기 어렵게 되었다는 의미이기도 하다.

    오히려 이제는 기존 오프라인이나 온라인 교육에 비해 스마트러닝이 가지고 있는 차별적 혜택을 실현하기 위해 타회사의 도입 사례를 살펴보고 사전에 자신의 회사에 맞는 구체적인 실행 로드맵(roadmap)과 활성화 방안을 체계적으로 수립하는 것이 더욱 중요한 시점이 된 것이다.

이러한 활성화 방안의 수립을 통하여 스마트러닝에서는 학습자들이 느낄 수 있는 기존 교육과는 다른 생소함이나 심리적 간극을 감소시켜 사내 자기주도학습을 일상화하는 교육문화의 혁신을 불러일으킬 수 있다. 여기서는 기존의 온라인 교육을 대체 혹은 보완하거나 신규 교육수단으로서 스마트러닝을 도입할 경우 이를 활성화하기 위해 고려할 수 있는 방안들을 이미 스마트러닝을 도입한 국내 혁신기업들의 사례를 통해 논의해 보고자 한다.

스마트러닝의 활성화 방안은 크게 회사의 제도개선과 교육체계 개편, 그리고 운영서비스 향상을 통한 세 가지 정도의 방안으로 나누어 살펴볼 수 있다.

제도개선

기존 온라인 교육을 대체   한국IBM, BGF리테일과 SC은행 등은 기존 온라인 교육의 사용률이 지속적으로 감소하고 그 실효성에도 의문을 가지고 있던 회사들로서 최근 온라인 교육을 폐지하고 이와는 차별화된 스마트러닝을 도입한 회사들이다.

기존 온라인 교육 채널을 폐지하고 스마트러닝으로 교육을 단일화함으로써 그동안 온라인 교육에 부정적이었던 직원 계층까지 교육 참여율을 높이는 계기를 만들었다.

학점이수제 및 필수과정 운영   윤선생에서는 본사 임직원들을 대상으로 경영일반, 교양, 어학, 자체 동영상 강좌 등 다양한 강좌들을 스마트러닝으로 운영하고 있으며, 학습결과를 사내 사이

버연수원에 연계시키고 있다. 임직원들은 스마트러닝을 활용하여 연간 40시간까지 학습시간을 인정받을 수 있으며, 이는 교육 포인트로 전환되어 인사고과에 반영된다.

BC카드에서는 시장 트렌드를 리드할 수 있는 교육지원체계로서 직무역량 및 인문/교양 등 폭넓은 영역의 스마트러닝을 제공하고 있으며, 직원들이 필요한 내용만 효과적으로 학습할 수 있도록 수료 여부와 관계 없이 총 학습시간 20시간에 1학점을 부여하는 유연한 학점이수제를 운영중이다.

비정규직원을 포함한 교육대상 확대 현대해상은 그동안 온라인 교육시행이 어려웠던 영업직군, 보험설계직군, 사무직군 등에 속해 있던 비정규직에 대해서도 스마트러닝을 확대 시행함으로써 인력운영상의 동기부여나 비용 측면에서도 큰 혜택을 누릴 수 있게 하였다. 이를 통해 비정규직원들에게도 선진기업 직원으로서의 자긍심을 부양하고 있으며, 아직 시행 초기지만 예년에 비해 이들의 교육서비스 활용률이 증가할 것으로 예상하고 있다.

협력사 임직원 교육기회 제공 BGF리테일의 경우 협력사 임직원에 대한 기본 역량 향상을 위한 교육 서비스를 제공하고 있다. 물론 그 전에 본사에 스마트러닝을 실시해 그 효과성을 스스로 검증해 본 뒤 협력사 임직원에까지 확대적용한 것이다. 협력사에 대한 스마트러닝 서비스를 제공함으로써 상생협력관계 증대를 위한 건설적인 효과를 얻고 있다.

협력사는 대부분 중소기업이기 때문에 자체적으로 스마트러닝을 실시하기에는 여건상 어려움이 있었다. 그러나 최근 기업에 협력사 임직원의 역량 향상이 자사의 역량 향상으로 직결된다는 의식이 보편화되고 있으며, 협력사에 대한 교육 지원이 확대될 것으로 보인다. 최근에는 프랜차이즈 업종에서 가맹점주에 대한 교육 서비스를 제공하려는 움직임도 크게 증가하고 있다.

교육체계 개편

기존 자체과정 변환 탑재 BGF리테일에서는 스마트러닝 홈화면에 'BGF이슈'라는 사내 이슈 소개 콘텐츠를 주기적으로 제공하고, BC카드에서도 기존 오프라인 교육으로 활용하던 내부통제 과정을 제공하고 있다. 또한, 현대해상에서는 보상직 영업사원들이 반드시 알아야 할 관련 콘텐츠를 변환 제공하여 현장과 학습장소의 무경계를 지향하는 스마트러닝의 이점을 최대한 활용하고 있으며, 더불어 학습과 현장의 업무성과 향상이라는 교육부서의 전략적 역할을 실천하고 있다.

신입/승격과정에 기본이수과정으로 배정 BGF리테일과 현대해상은 그동안 신입교육이나 승격과정에서 온라인 교육으로 제공되던 자체 과정을 스마트러닝을 통한 전사 필수과정으로 지정하여 학습자들의 접근성을 제고함과 동시에 그 활용률을 높여 나가고 있다.

비전/가치 등 전략과정 운영 유한킴벌리는 갤럭시탭의 전사 지급과 동시에 스마트러닝을 활용한 '모바일 지식카페'라는 자기주도형 자율학습제도를 기획·시행하고 있으며, 동시에 그동안 교육 활성화에 어려움을 겪었던 생산직을 포함한 전 직원을 대상으로 '비전2020'이라는 전사 비전/가치 과정을 스마트러닝으로 제공하고 있다.

운영서비스 향상

포스터, 이벤트 등 변화관리계획 실행   윤선생은 4개 계열사 전 임직원을 대상으로 스마트러닝 도입에 대한 포스터 홍보를 진행하고, 우수한 학습후기 댓글을 남긴 직원들을 대상으로 이벤트를 진행했다. 이에 참여한 대부분의 학습자들은 기존 온라인 교육과는 달리 언제 어디서나 필요한 학습을 가능케 하는 스마트러닝 실행에 대해 호평하였으며, 교육팀에 다양한 개선 아이디어를 제시하는 댓글들을 후기로 남겼다.

사용자 매뉴얼 제공 및 사내 설명회 개최   생산직을 포함한 1,700여 명의 전 직원을 대상으로 스마트러닝을 시행하는 유한킴벌리와, 2,500명의 전 임직원에 대해 스마트러닝을 시행하는 한국IBM은 FAQ를 포함한 사용자 매뉴얼을 직원들이 수시로 다운받을 수 있도록 배포하고 직원 대상의 사용설명회를 열어 적극적 활용을 유도해 나가고 있다.

Call 서비스 대응인력 운영   스마트러닝은 다른 교육과는 달리 필요에 따라 자발적으로 학습할 수 있다는 장점이 부각되는 교육 수단이지만 새로운 교육제도의 시행에는 운영상의 지원이 필수적이며, 모든 회사들이 이러한 서비스를 학습자들에게 제공하고 있다. 특히 기존 온라인 교육에 익숙했던 학습자들은 교육진행에 대한 공지, 신규 교육과정의 안내, FAQ에 대한 신속한 1:1 문의 응대, 새로운 기기 사용에 대한 기술적 문제 해결 등 교육운영에 대한 세심한 안내를 필요로 한다. 이는 전문적인 서비스를 제공하는 회사로부터의 지원을 필요로 하는 영역이기도 하다.

신규 및 인기콘텐츠 업데이트 스마트러닝의 가장 매력적인 부분 중의 하나가 학습자의 손 안에서 새로운 학습 콘텐츠들이 일정한 주기로 신속하게 업데이트된다는 것이며, 이를 통해 지속적인 학습동기를 유발시킬 수 있다는 것이다. 이를 위해서 대부분의 회사들은 신규 및 인기 학습 콘텐츠 정보를 효과적으로 확인할 수 있도록 감성적인 과정 썸 네일을 제작하여 홈화면에서 제공하고 있다.

이외에도 기존의 오프라인 교육과정에 스마트러닝을 블렌디드러닝 방식으로 활용하거나 독서통신 과정을 수강하는 학습자들에게 부가적인 교육수단으로, 그리고 CoP(Communities of Practice) 활동을 지원하거나 전사 지식경영시스템의 형태로 스마트러닝을 도입하여 활용하는 회사도 점차 늘어나고 있다.

이상에서 살펴본 스마트러닝 활성화 방안은 시스템 구축방안에서 논의한 콘텐츠, 솔루션, 운영서비스 측면에서의 요건들이 충족되어 있다는 전제에서 가능한 것이며, 그렇지 않다면 여기에서 논의한 활성화 방안들은 단순한 겉치레에 지나지 않을 것이다.

▼eLearning: In Alphabetical Order, 2012

▼A Circus, 2012

일터학습 구현

일터학습(Workplace Learning)은 업무 수행이 이루어지는 현장에서 근무 환경 및 동료들과의 동시적 · 비동시적 상호작용을 통해, 직무에 필요한 역량을 형식적 · 무형식적으로 습득해 가는 과정을 말한다. 일터학습이 주목받고 있는 대표적인 이유로는 학습과 업무를 분리해서 생각하는 과거의 방법론 대신, 학습이 업무 수행의 한 가운데에서 이루어짐으로써 학습효과가 높게 나타나기 때문이다. 기업에서 교육훈련을 실시하는 가장 큰 목적은 학습의 결과가 실제 수행하는 업무에서의 성과를 높이는 것일 것이다. 교육훈련의 이러한 기본 목적을 염두에 두고 일터학습이 대두되었고, 또한 관심을 받고 있다.

일터학습 구현을 위한 기본 전제

일터학습은 하나의 큰 원칙을 담고 있기도 하고, 구체적인 방법론을 이야기하기도 한다. 앞서 언급한 교육효과 측면은 일터학습이 지향하는 하나의 큰 비전에 해당한다. 반면 업무를 수행하는 과정에서 상사나 선임 직원으로부터 그 업무 수행에 대한 노하우를 전수받거나 코칭받는 경우는 일터학습의 구체적 방법론을 이야기하는 것이다. 여기서는 일터학습 구현을 위한 기본 전제를 살펴보고 이러한 기본 전제를 스마트러닝이 어떤 식으로 실현할 수 있는지에 대해서 간단히 살펴보고자 한다.

자기주도학습 자기주도학습이 효과적으로 이루어지기 위한 출발점은 학습동기이다. 강한 학습동기가 있으면 학습 몰입도가 높아진다. 일터학습은 업무를 수행하는 과정에서 자신의 부족한 부분이나 알고 싶은 부분에 대한 임직원의 실질적 학습요구에 기초해서 학습이 이루어지는 것을 지향한다. 즉, 업무 수행 과정에서의 강한 자발적 학습동기에 주목하고 높은 학습몰입을 지향함으로써 자기주도학습을 실현하는 것이다.

업무와 학습의 일체화 업무와 학습이 분리되어 이루어지는 대신, 업무 수행 과정에서 바로 학습이 이루어져야 함을 의미한다. 잘 모르는 분야의 업무를 당장 급히 수행해야 하는 상황이라면 더욱 중요해지는 개념이다. 앞서 이야기한 실질적 학습요구에 기초해서 업무와 학습이 일체화되면 학습 몰입을 제고할 수 있으며 학습효과 또한 크게 증가한다. 이는 업무의 수행과 학습이 시간적으로나 공간적으로 분리되어 있으면 학습몰입과 학습효과가 낮아진다는 말로도 해석이 가능하다.

무형식학습 학습요구가 생성되고, 워크 임베디드 러닝이 이루어진다 할지라도 학습의 형태가 다양해야 한다는 것을 의미한다. 즉, 일터학습은 과거의 집체 교육이나, 일정 시간 이상의 학습을 의무적으로 해야만 하는 과정 중심의 학습이나 일정한 양식이나 형태가 규정된 정형 학습의 제약을 뛰어넘는 개념이다. 대신, 다양한 형태의 학습 콘텐츠와 콘텍스트(context)에 집중한다. 예를 들면 상사로부터의 현장 지도, 시스템을 통한 관련 업무 지침, 과거 선배 직원들의 업무 노하우가 담긴 직무 매뉴얼, 짧은 길이의 동영상, 플래시, 음성, 텍스트, 그림 등의 참고 자료가 입체적으로 동원되는 무형식학습에 주목한다. 무형식학습이 학습의 70%를 차지한다는 것은 여러 연구를 통해 이미 입증된 바 있다. 일터학습이 무형식학습에 주목하는 이유가 바로 여기에 있다.

스마트러닝을 통한 일터학습 구현 방안

일터학습의 기본 전제와 스마트러닝의 특성은 많은 공통분모를 지니고 있다. 이러한 공통분모를 활용하여 일터학습을 구현하기 위해서 스마트러닝을 어떤 방식으로 활용해야 할 것인지를 콘텐츠, 솔루션, 서비스 측면으로 나누어 살펴본다.

콘텐츠 측면

단위학습이 가능하도록 콘텐츠 생산 콘텐츠를 초기에 설계할 때부터 업무 수행중에 필요한 부분을 즉시 학습할 수 있도록 핵심 주제를 중심으로 콘텐츠를 생산해야 한다. 더 나아가 형식에 구애받지 않는 다양한 형태의 콘텐츠를 동원하면 더욱 효과적이다.

상세한 메타데이터 생성   각 단위 콘텐츠에 대한 메타데이터를 가능하면 상세한 수준으로 생성할 필요가 있다. 자세한 수준의 메타데이터는 필요한 학습 콘텐츠를 검색하는 데 직결되기 때문이다. 과거의 정형화된 콘텐츠, 과정 중심의 콘텐츠일 경우에는 메타데이터는 큰 의미를 지니지 않았다. 하지만 학습요구에 기초한 자기주도학습이 이루어지는 일터학습에서는 원하는 학습 콘텐츠를 손쉽게 찾아서 학습할 수 있도록 해주는 메타데이터의 역할이 매우 중요하다고 할 수 있다.

즉시 활용 가능한 자료의 제공   단지 학습에만 그치는 것이 아니라 학습과정에서 참고한 자료를 확보할 수 있어야 한다는 의미이다. 예를 들어 강의 교재, 참고 자료 등을 학습자가 확보하여 업무에 바로 활용할 수 있어야 한다. 학습 자체에만 그치고, 실제 업무를 수행하는 과정에서 학습한 내용을 기초로, 관련 보고서 한 장 제대로 쓰지 못한다면 업무와 학습이 분리된 가장 대표적인 예가 될 것이다.

솔루션 측면

강력한 검색 기능   업무 수행에 도움을 주는 다양한 형태의 콘텐츠, 분절화된 콘텐츠, 무형식 콘텐츠가 아무리 많다 할지라도 정작 내가 필요로 하는 콘텐츠를 쉽게 찾을 수 없다면 무용지물이다. 스마트러닝에서는 업무 수행 과정에서 내가 필요로 하는 최적의 학습 콘텐츠를 단시간 내에 찾을 수 있도록 도와주는 강력한 검색기능이 뒷받침되어야 한다. 키워드 하나만 입력하여도 학습요구를 충족시켜줄 최적의 콘텐츠를 쉽게 찾을 수 있을 때 학습동기에 기초한 자기주도학습이 이루어질 수 있다. 이를 위해서는 빈도수에 기초한 단순 검색보다는 연관성에 기초한 전문 검색 기능 도입이 유효할 것이다.

태깅 기능 활용 자신이 원하는 콘텐츠 내에서도 태그에 따라 해당 부분에 대한 학습이 바로 이루어질 수 있어야 한다. 촌각을 다투는 경영 현장에서 자신이 원하는 내용만을 짧게 학습하고자 하는 학습자에게는 핵심적인 내용을 담고 있는 부분, 또는 실제 필요한 부분만을 학습하고자 하는 강한 유인이 존재한다. 이 유인을 적극적으로 충족시켜 주는 것이 태깅 기능의 활용이다. 이 태깅 기능이 활성화되기 위해서 앞서 말한 상세한 메타데이터의 생성이 반드시 필요하다.

애니 디바이스(any device) 실현 소위 n-Screen(TV, 컴퓨터, 스마트폰 등)이 실현되어야 한다. 스마트패드와 스마트폰의 경우에는 각종 운영시스템 및 버전을 초월해서 기능이 구현되어야 함은 물론, 시시각각 새로이 등장하는 신규 기기에 대해서도 기능이 적용되어야 한다. 망 불안정성에 따른 학습 불편을 최소화하는 것은 기본이다. 예를 들면, 오프라인 상태에서도 학습이 가

능한 다운로드 기능을 도입한다든가, 모바일(mobile) 웹이나 웹
(Web) 앱, 혹은 하이브리드(hybrid) 앱보다는 안정성이 뛰어난
네이티브(native) 앱을 활용하는 것은 기본 중의 기본이다.

서비스 측면

학습자에 최적화된 콘텐츠 권장 소위 학습의 개인화(person-
alized learning)를 말한다. 기존의 집체교육이나 이러닝 등의 정
형학습에서는 구현이 어려운 기능이다. 그러나 스마트러닝에서
는 가능하다. 아니 가능해야 한다. 일터학습의 속성상 학습자들
은 개인별로 처한 상황이 다르고, 담당하는 업무가 다르고, 필요
로 하는 학습 분야가 다르다. 따라서 학습자의 직무, 상황, 요구
등에 따라 학습자에게 최적의 콘텐츠를 권장해 줄 수 있는 스마
트러닝은 일터학습에 이르게 하는 지름길이다. 이를 위해서 개별
화된 푸시(push) 기능의 활용이 가능하다.

자사 고유 콘텐츠 생성 및 학습 용이성 어느 기업이건 타 회사
와는 다른 자사만의 특징을 지니고 있다. 자사 고유의 업무 프로
세스나 경영 방침, 자사 고유의 상품 특성, 업무 처리 지침 등이
그것이다. 이러한 분야의 콘텐츠는 보통 자체적으로 생성해서 자
사 임직원을 대상으로 교육을 시킨다. 이런 콘텐츠에 대해서 신
속하게 콘텐츠를 생성하고 또 쉽게 학습이 이루어질 수 있도록
하는 것은 스마트러닝이 지닌 고유 특성에 해당한다. 자사 콘텐
츠이다 보니 사외로 유출되는 것을 막기 위한 강력한 보안체계

구축은 필수적이라고 할 수 있다.

학습자 참여기능 강화   지금까지 학습의 특성은 학습자에게 학습을 권유/권장하는 측면이 강했다고 한다면, 앞으로는 학습자 스스로 콘텐츠를 생산하고 그것을 전파하고자 하는 능동적 학습 참여 기능 또한 중요한 위치를 차지한다고 할 수 있다. 자발적/적극적 학습자 참여를 통해 스스로 학습, 자기주도학습을 지향하는 일터학습의 기본 전제를 충족시켜 줌과 동시에 3C, 즉 콘텐츠, 콘텍스트, 커뮤니티를 유기적으로 연계시켜 무형식학습 효과를 높일 수 있기 때문이다. 학습자 참여 기능을 강화하는 수단으로는 콘텐츠에 대한 평가 기능, 추가 의견 제시 기능, 커뮤니티 형성 기능 등을 예로 들 수 있다.

일터학습 실천을 위한 스마트러닝의 향후 방향

아직까지 구체화되거나 실현되지 않은 스마트러닝의 특성으로는 일터학습을 구현하는 데 이바지할 수 있는 소셜러닝(social learning) 구현, 빅데이터 활용, 지식경영과의 연동 등을 들 수 있다.

소셜러닝은 학습자와 학습자간의 연계, 학습자와 내용 전문가와의 연계, 학습자와 튜터와의 연계를 통해 집단 지성(collective intelligence)의 장점을 십분 활용하는 것이다. 물론 SNS(Social Network Service)와 같은 최신 정보통신 기술을 활용하는 스마트러닝에서 소셜러닝 구현이 한결 용이할 것이다. 엄청나게 복잡하고 많은 양의 데이터를 빠른 속도로 분석하여 실질적인 활용에 집중하는 빅데이터를 스마트러닝에 접목함으로써 일터학습을 앞당길 수 있으며, 일터학습의 많은 장점을 향유할 수 있다. 또한 사내에서 다양한 형태로 이루어지고 있는 지식경영과 스마트러닝을 연계함으로써 일터학습을 빠르게 구현할 수 있다. 물론 이를 위해서는 스마트러닝 시스템과 지식경영 시스템의 연동은 필수적이다.

일터학습을 생각하는 교육 담당자에 대한 제언

마지막으로 일터학습을 고민하고 있는 기업교육 담당자에 대한 제언을 해본다.

우선 매월 일정한 날짜에 일정한 과정을 개설하는 관행에 대해서 재고할 필요가 있다. 특정 기간에, 특정 콘텐츠를, 특정 임직원이 들을 수 있게 사전에 행정적으로 규정하는 것은 일터학습의 구현을 가로막는 최대의 적이라고 볼 수 있다.

업무를 수행하는 과정에서 자발적인 학습요구에 기초한 학습을 지향하는 일터학습은 기존의 이런 관행에서는 실현 불가능하다. 따라서 기본적으로는 임직원이 필요로 하는 콘텐츠를 언제든지 학습할 수 있도록 하는 상시 학습 체제를 구축해 놓을 필요가 있다.

물론 상시 학습 체제를 구축한다고 해서 기존의 방식인, 특정 기간에 특정 콘텐츠를 특정 임직원에게 학습할 수 있도록 하는 기존 관행을 전면 폐지하라는 의미는 아니다. 새로운 상시 학습 체제와 동시에 교육담당자로서의 전략적 방향에 기초한 학습 권유 또는 권장 방법을 동시에 실시할 필요가 있다. 중요한 것은 자율적 상시 학습 체제 기반 구축없이 일방적인 교육 권유 방식은 한계가 있다는 것이다.

결론적으로 임직원의 학습에 대한 관점이 X이론보다는 Y이론에 입각해야 진정한 스마트러닝과 일터학습이 구현될 수 있을 것이다.

▼Learner—Centered Ⅱ, 2014

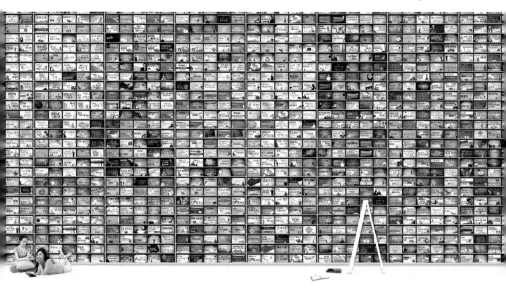

빅데이터

매년 열리는 세계경제포럼에서 빅데이터는 국제 개발의 새로운 가능성을 여는 중요한 기술의 하나로 지목되었다. 폭증하는 데이터를 효과적으로 관리하고 분석하여 유용하게 활용하겠다는 빅데이터의 개념은 이제 IT를 넘어서 국가경제와 기업경영 전반에 중요한 영향을 미치는 기술로 주목받고 있다. 그렇다면 앞으로 HRD에 있어서 빅데이터는 어떻게 활용될 것인가? 여기서는 빅데이터의 개념과 HRD, 특히 스마트러닝에서의 활용 방안에 대해 살펴보고자 한다.

빅데이터의 개념과 배경

빅데이터는 글자 그대로 엄청나게 큰 데이터를 의미한다. 보다 구체적으로 빅데이터의 특징을 살펴보면, 그 규모(volume) 면에서 작게는 테라바이트에서 크게는 요타바이트에 이를 수도 있으며, 다양성(variety) 관점에서는 구조적(structured) 데이터뿐만 아니라, 급증하는 비구조적(unstructured) 데이터를 포함하며, 속도(velocity) 측면에서는 정보의 생성-유통-소비 주기가 눈 깜짝할 사이에 일어날 만큼 빠른 특징을 갖고 있다. 따라서, 과거와는 다르게 빠른 속도로 증가하는 막대한 양의 데이터를 어떻게 분석하고 활용할 것인가에 대한 논의가 바로 빅데이터의 개념에 담겨 있다. 또한 기존 데이터 분석이 검토와 결과의 보고에만 집중했다면, 빅데이터는 실행과 개선전략을 위주로 진행된다는 점에서 차이가 있다.

스마트기기의 확산과 더불어 정보통신과 IT기술의 발전으로 각종 시스템과 서비스로부터 수많은 데이터가 양산되고 있다. 특히 기존의 구조화된 정형 데이터 위주의 데이터 확장이 아닌 구조화되지 않은 텍스트, 사진, 동영상에 이르기까지 무형식 데이터의 비중이 점차 높아지고 있다. 이러한 측면에서 빅데이터는 정형/무형식 데이터로 이루어진 엄청난 규모의 데이터를 효과적으로 분석하고 활용하는 전략이라고 볼 수 있다.

구글의 전 에릭 슈미트(Eric Schmidt) 회장에 따르면 문명이 시작되면서부터 2003년까지 인류가 쌓아 올린 데이터는 5엑사바이트(1Exabyte = 10억 Gigabyte) 정도였지만 2011년 한 해 동안에만 쌓인 데이터 양은 1,900엑사바이트, 2020년에는 연간 35,000엑사바이트에 도달할 것이라고 한다. 따라서 앞으로 데이터의 문제는 'What'의 문제가 아닌 'How to use'의 문제가 중심이 되어가고 있으며, 이를 타개할 솔루션으로 빅데이터가 주목받게 된 것이다.

빅데이터와 HRD, 그리고 스마트러닝

기존 기업경영에는 제한된 소수의 데이터를 활용할 수밖에 없었고, 취합과 분석에도 상당한 시간이 소요되었다. 그러나 빅데이터를 통해 대량의 데이터를 빠른 시간 안에 분석하는 기술이 실현됨으로써 기업 내외부 환경 데이터를 실시간으로 분석하여 '현재'를 기반으로 한, 보다 정확도 높은 예측이 가능한 기업경영 환경을 구축할 수 있게 되었다. 이에 따라 기존의 경영 역량이 미래를 예지하는 경영자의 '직관력'에 있었다면, 빅데이터가 구현되는 환경에서는 '데이터'에 기반한 기술적 의사결정 체계에 있다고 할 수 있다.

조직 내부의 고객을 대상으로 하는 HRD 서비스라는 측면에서 볼 때, 이 역시 데이터 중심의 전략을 구상한다면 한 차원 높은 효과를 달성할 수 있는 방안을 마련할 수 있다. 이를 위해서는 기존 HRD 데이터보다 훨씬 다양하고 많은 데이터를 수집해야 한다. 그러나 기존 이러닝 체계는 학습자의 다양한 상황에 따른 데이터 수집에 한계가 있으므로, 데이터 중심의 HRD 전략 수립에는 학습자의 정보가 보다 다양하게 취합되고 분석될 수 있는 스마트러닝 시스템이 필수적이다.

스마트러닝은 콘텐츠별 학습자의 학습의도와 학습패턴, 그리고 학습환경에 대해 기존 온라인 교육시스템보다 많은 정보를 생산해 내기 때문이다. 예를 들어, ㈜인더스트리미디어의 20~30분 분량의 기업교육용 스마트러닝 서비스 콘텐츠의 수는 현재 23,000여 개를 넘어섰으며, 각 콘텐츠의 메타데이터가 40여 개임을 고려하면 앱 내에서 검색 가능한 정보의 수는 산술적으로 90만개에 이른다. 이것을 학습자별 콘텐츠 로그정보로 축적하면 기존 온라인 학습체계에서는 알 수 없었던 엄청난 양의 HRD 관련 빅데이터가 발생하게 되며, HRD 담당자 입장에서는 빅데이터 분석을 통해 과거와는 차별화된 효과적인 HRD 전략 수립이 가능해진다.

빅데이터를 활용한 HRD 전략 제언

기존의 HRD 전략은 대부분 Top-Down 방식의 일방향적인 연간 전략수립 체계를 따라 왔다. 쌍방향이라고 해도 의도된 설문을 취합, 분석하여 학습 수요를 관찰하는 정도에 지나지 않았다. 그러나 급변하는 경영환경에 따라 조직 구성원들에게는 분기 단위, 빠르게는 월 단위로 새로운 과제가 부여되고 있지만 연간 계획에 따른 일방향적인 교육체계는 현장에서 필요로 하는 신속하고 성과지향적인 교육실행을 어렵게 하고 있다.

이러한 상황에서 빅데이터가 제공하는 학습형태에 대한 실시간 분석과 교육 지원전략의 신속한 수립 및 실행은 매우 유용하다고 볼 수 있다. 조직 내의 이슈가 구성원의 학습요구로 나타나고, 이러한 요구를 실시간으로 확인하여 보다 쉽게 교육전략을 수립할 수 있게 해준다는 것은 조직의 전체 성과에 직접적인 영향을 미칠 수 있기 때문이다. 따라서 사업부문에 비해 상대적으로 느리고 소극적인 전략 수립체계를 가졌던 HRD 부문도 빅데이터를 활용하여 전략적 비즈니스 파트너로서의 기능을 충실히 수행할 수 있게 된다.

현장지향의 성과교육체계 지원 스마트러닝은 기존 이러닝과는 다르게 실시간으로 학습자와 접촉할 수 있다는 장점을 가지고 있다. 기존 이러닝과 오프라인 교육체계는 학습을 신청하고 1개월 이상의 시차를 두고 학습해야 했기 때문에 급박하게 일어나는 비즈니스 상황에 대해 신속한 교육지원을 제공할 수 없다는 제약이 있었다. 이에 반해 스마트러닝은 교육신청과 동시에 학습이 진행될 수 있다는 장점이 있으며, 이와 더불어 실시간 이슈에 대한 교육 추천까지 이루어질 수 있다면 그 영향력은 매우 클 것이다. 예를 들어 조회시간에 CEO가 전사 각 부서별로 원가절감 방안을 구성하여 한 달 안에 제출하도록 하였다고 하면, '원가절감', '원가절감을 위한 접근방안', '원가 요소' 등의 검색이 급증하기 시작할 것이며, 이 경우는 키워드의 증가 속도만을 분석하고도 '원가절감' 관련 교육과정을 자동으로 추천 과정으로 업데이트할 수 있다. 기존 이러닝이나 오프라인 교육과정처럼 이때부터 교육신청을 받기 시작한다면 한 달 후, 이미 과제 제출 기한이 끝난 다음에 학습이 진행될 수 있을 것이다.

최적화된 역량개발경로 제시 개인화의 관점에서도 혁신이 가능하다. 조직 내, 또는 타 조직간에 유사한 직무를 담당하고 있는 구성원은 직무 학습과 관련하여 유사한 학습패턴을 보인다. 이렇게 동질성을 가진 사람들을 그룹화하여 그들에게 다음 학습을 추천할 수 있는 기능을 부여할 수 있다. 각 콘텐츠를 평가할 수 있는 기능까지 있다면 이 또한 조합하여 보다 최적화된 학습경로를 제시해 줄 수 있다. 이는 기존에 많은 비용을 지불하며 컨설턴트 등 전문가에게 의뢰하여 구성해야 했던 역량개발경로 모형을 실시간 데이터 분석만으로도 간편하게 도입할 수 있다는 의미이다.

학습시간 및 공간을 고려한 최적 학습 콘텐츠 추천 기능 스마트러닝이 시공간의 제약이 없이 학습이 가능하다는 점을 반영하여 시간대별 콘텐츠 추천 기능을 구성, 활용할 수도 있다. 대부분 구성원들은 출퇴근 시간 등 번잡한 시간과 장소에서는 최근의 트렌드나 정보성 콘텐츠, 자기계발 학습 등 직무 학습보다는 가벼운 내용의 교육을 선호한다. 이러한 가정하에 시간대별 콘텐츠 니즈를 분석하고 분석된 내용으로 선별된 콘텐츠를 사용자가 접근하기 쉬운 경로에 제공해 준다면, 학습자가 투입해야 할 시간과 노력을 경감하여 궁극적으로는 '학습조직'의 문화 형성에 긍정적으로 기여할 수 있을 것이다.

무형식 학습 비중의 강화 사회적 관계망 분석을 통해 조직 내외부에 걸쳐 무형식의 학습조직 또는 커뮤니티를 형성하여 보다 집중도 높은 학습을 진행할 수 있도록 서비스할 수 있다. 조직의 학습 개방 정책에 따라 트위터나 페이스북 등 소셜 미디어를 활용하여 관련 전문가나 학습 주제에 대해 관심이 있는 다수의 사람들과 접촉할 수 있는 통로를 마련해 줄 수 있고, 학습자간 콘텐츠 추천 등 적극적인 교류를 유도하여 교육체계 내외부의 교육자료를 보다 적극적으로 활용할 수 있게 지원할 수도 있다. 이러한 기능은 학습자의 학습 몰입도를 높이고 심화학습이나 연계학습을 가능하게 하는 자기주도학습 성향을 증대시킬 수 있다.

실행과제

이상에서 논의한 것처럼 빅데이터에 기반한 스마트러닝을 통해 HRD의 전략적 개선을 이루기 위해서는 검토되어야 하는 몇 가지 고려사항이 있다. 첫째, 우선 시스템이나 기술적 기반에 많은 비용과 노력이 소요되어야 한다는 점이다. 이는 기반 기술의 축적에 상당한 시간이 걸릴 수 있다는 점으로 이해될 수 있다. 하지만 이제부터라도 적절한 대안을 찾아 적극적인 준비를 한다면 빠른 시일 내에 실현할 수 있을 것으로 기대한다. 둘째, 빅데이터 전략은 상당량의 데이터가 축적되어야 활용 가능하다는 점이다. 이는 다수 조직의 데이터 통계를 활용할 수 있는 스마트러닝 서비스 업체를 활용하여 해결이 가능할 것으로 보인다. 한 조직의 내부에서 취합되는 데이터는 작은 분량일 수 있으나 다수의 고객을 보유하고 있는 스마트러닝 서비스 업체라면 보다 빠른 속도로 분석 가능한 양의 데이터를 확보할 수 있을 것이기 때문이다. 마지막으로, 스마트러닝 서비스 앱 자체가 데이터를 수집할 수 있는 구조로 구성되어야 한다는 점이다. 현재로서는 웹페이지를 호출하는 하이브리드 앱보다는 앱 전체가 완결된 애플리케이션 형태로 작동하는 네이티브 앱을 활용하는 스마트러닝 서비스가 빅데이터를 활용한 HRD의 개선전략 수립에 훨씬 효과적이다.

교육학자 Ready D. A.는 다음과 같이 말했다. "오랫동안 HRD 전문가들은 조직의 중앙무대에서 챔피언의 역할을 할 기회를 엿보고 있었다. 이제 그 시간이 도래했다. 조직 내 효과적인 HRD 기능의 수행만으로도 외부의 경쟁자들에게 치명타를 날리고, 고객에게 차별화된 서비스를 제공할 수 있게 된 것이다."

개발사례

3

▼A Smart Odys Ⅱ, 2013

Application 개발사례

우리나라에서 스마트러닝이라고 부르고 있는 첫 애플리케이션은 2010년 말이나 2011년 초에 처음으로 국내에서 개발되었다고 볼 수 있다. 하지만 당시에는 콘텐츠나 솔루션, 서비스 모든 부분에서 모범이 될 만한 이론이나 선진사례가 없었기 때문에 많은 부분의 개념 정립에 혼란이 있었다. 하지만 서비스 회사들의 지속적인 연구개발과 교육공학 교수진들의 연구, 새로운 버전이 나올 때마다 개선되어 온 이용자들의 지속적인 피드백, 그리고 안드로이드 및 iOS로 대표되는 스마트기기 운영시스템의 급속한 발전으로 인해 이제 기업교육 분야의 스마트러닝 시스템은 상당한 발전을 이루었다고 볼 수 있다.

여기서는 기업교육용 스마트러닝을 선도적으로 개발하여 서비스하고 있는 ㈜인더스트리미디어의 스마트러닝 애플리케이션(앱) 개발 사례를 통하여 기업교육용 스마트러닝의 수준을 살퍼보고자 한다. 2014년 현재 ㈜인더스트리미디어는 100여 개의 대기업을 포함하여 국내 450여 개 기업에 스마트러닝 솔루션을 제공하고 있다. 2014년 이 회사의 스마트러닝 사용자 1,878명(유효표본)을 대상으로 분석한 서울대 이찬 교수의 연구결과에 따르면 이러닝 대비 스마트러닝 학습내용에 대해 만족한다는 응답비율은 88%, 학습효과에 만족한다는 응답비율은 86%에 이르고 있다.

개발전략 세 가지

㈜인더스트리미디어 애플리케이션의 주요 개발전략은 크게 세 가지로 요약될 수 있다. 공급자 중심이 아닌 학습자 중심의 자기주도 학습, 업무와 학습이 일체화되는 워크플레이스 러닝, 고통스러운 학습이 아닌 즐거운 학습이 바로 그것이다.

자기주도 학습　학습자 스스로 학습 동기를 지니고 학습할 수 있도록 짧은 과정 소개 트레일러를 통해 향후 오픈될 신규과정을 소개할 수 있도록 했다. 개봉을 앞둔 영화처럼 과정당 40초간의 트레일러를 제시하고 오픈되자마자 바로 학습이 가능하도록 하는 예약 기능도 개발했다. 일상 생활 속의 시사성 있는 기사를 통해 관련 과정을 검색하거나 추천할 수 있으며, 나 아닌 다른 사람이 좋아하는 콘텐츠, 추천을 가장 많이 받은 콘텐츠 등에 대한 정보를 확인하고 바로 학습할 수 있도록 했다. 물론 이러한 것은 학점관리나 신규카테고리 신설, 필수과정 운영 등 기존 이러닝에서 제공되던 서비스를 계승하면서 구현해 나가고 있다.

　워크플레이스 러닝　학습을 통해 업무 생산성을 높이고, 업무를 수행하는 과정에서 필요한 내용을 손쉽게 찾아서 짧게 학습하여 업무에 바로 활용할 수 있도록 앱을 개발했다. 이외에도 2만 2천여 개의 학습자료를 다운받아 편집한 후 실제 업무에 바로 활용할 수 있는 점, 바쁜 업무 수행 과정에서도 부담 없이 학습이 가능할 수 있도록 20~30분 정도의 시간 단위로 콘텐츠를 구성한 점, 업무 수행 과정에서 학습이 필요한 부분에 대해 콘텐츠 탐색이 쉽게 이루어질 수 있도록 메타데이터를 구축한 점과 강력한 검색엔진을 탑재한 점, 그리고 탐색한 내용에 대해서 실제로 유관 콘텐츠가 풍부하게 나올 수 있을 정도로 충분한 23,000여 개의 콘텐츠를 확보한 점 등 다양한 부분에서 워크플레이스 러닝을 지향하는 기능들이 숨어 있다.

　즐거운 학습　일반적으로 학습 하면 떠오르는 단어가 지루함, 딱딱함, 어려움, 괴로움과 같은 내용이며, 그 이유는 재미가 없기 때문이다. 학습을 유도할 만한 흥미 있는 정보를 제공하기 위해 자신의 학습 데이터나 패턴뿐만 아니라 다른 사람들의 데이터도 비교해서 제시하고 있다. 이를 통해서 학습에 대한 추가정보도 얻고 학습 과정에 대한 재미를 느낄 수 있다. 그리고 과정별로 살아있는 스토리를 제공하여 단순히 과정에 대한 요약, 목차, 저자 소개 등을 형식적으로 제공하는 것이 아니라 학습자에게 이야기를 전달하듯이 편안한 어조로 정보를 제공하도록 하고 있다.

흥미 제공을 위한 다양한 기능 개발 사례

오늘 봐야 하는 콘텐츠는?	지금 인기 많은 과정은?	요즈음 인기 있는 강사는?	과정을 수강해야 하는 이유는?
매일 갱신되는 홈 제공	실시간 인기순위 제공	「명강사열전」 제공	과정·교수 스토리와 트레일러 제공

UX(User eXperience, 사용자 경험)전략

2010년 개발을 시작하여 2012년부터 상용화를 시작한 ㈜인더스트리미디어의 개발전략은 학습자 경험을 최우선으로 설계하기 위해 학습자 여정의 단계별로 필요한 기능을 학습자 행태에 근거하여 정의하였다. 학습자 여정(Learner Journey)은 학습 발견(Learning Discovery), 학습(Learning), 학습 지원(Learning Support)의 3단계로 나누었다.

학습발견(Learning Discovery) 과정을 쉽게 찾고, 정기적으로 과정을 추천받고, 앱에 자주 들어와야 하는 이유를 만드는 데 초점을 맞추었다. 학습 주도성이 강한 학습자는 과정을 탐색하기보다는, 검색을 이용하여 과정을 찾는 경우가 빈번하다는 분석 결과를 토대로 모든 화면에서 검색기능에 접근할 수 있도록 하였다. 학습 주도성이 상대적으로 약한 학습자에게는 정기적인 공지와 이벤트 안내, 신규과정과 인기과정 추천, 흥미유

Learning Descovery	• 관심 주제 노출
	• 신규 및 인기 과정 안내
	• 인기과정 학습 순위
	• 회계 과정 선택적 노출
	• 분야별 인기과정 순위
	  실시간 제공
	• 과정 Trailer 제공
	• 색인 검색
	• 기간별 인기과정 검색 기능
	• 연관과정 추천
		• 테마 과정 안내
		• 단어완성 검색
		• 카테고리 내 인기·최신·분야 간
		  과정정렬
		• 오픈 예정 과정 예약
		• 개인 프로파일에 의한 맞춤 학습
		• 자기주도 학습 기능
		  (오늘의 추천과정, 명강사 열정,
		  추천 Best 50 등)

Learning	• 콘텐츠/에센스/과정 선택형 학습
	• 배속 학습과 오디오 학습
	• 콘텐츠 내 소목차 이동
	• 콘텐츠별 교재 제공(2만여 개)
	• 퀴즈 베틀(Quiz Battle)
	• 개인별 학습 스케줄링 프로그램
	• 개인별 실시간 학습성향 분석 및 코칭
		• 다운로드학습
		• 기기 및 온라인/오프라인 간
		  진도 동기화
		• 콘텐츠별 Quiz(1만 8천여 개)
		• 학습 수료 관리
		• 기존 콘텐츠를 활용한 신규 과정
		  제작 기능(과정 마법사)

Learning Support	• 학습 독려 Push Notification 기능 • 1 : 1 문의 • 게시판 기능 • 실시간 학습현황 관리(관리자용)	• Social 공유기능 (과정 추천, 좋아요, 댓글 등)

지원 OS 및 디바이스	• Mobile OS
	  Android & OS　　• Form Factor
	  4-5" 스마트폰, 7-10" 테블릿
		• PC OS
		  OS 무관(브라우저 내 구동)

발의 재미요소 기능을 제공하고 있다. 또한, 학습 성취도에 따라 배지(Badge)와 순위를 부여하고 다른 조직원과의 우호적 경쟁 (Friendly Competition)을 유도하는 기능도 추가하였다.

　학습(Learning)　학습을 재미있게 하고, 편하게 하고, 의미 있게 하는 데 초점을 맞추었다. 딱딱하고 정형화된 과정정보를 제시하지 않고 해당 과정이 만들어진 배경과 교수의 이야기를 제시하고 있다. 주요 콘텐츠 제공사의 과정은 모두 동영상 소개로 대체하고 과정에 대한 관심을 더욱 강화하기 위해 '좋아요', '공유'와 같은 소셜 기능을 추가하였다.

동영상 시청 중에 메모하는 학습자의 편의를 증진하기 위해 동영상 시청 중에 메모와 북마크를 할 수 있는 기능을 추가하였으며, 작성된 메모와 북마크는 다른 학습자와 공유할 수 있도록 하였다.

사용자 인터페이스(User Interface: UI)의 직관성을 개선하여 학습자가 해당 기능을 사전에 익히지 않아도 어떤 기능인지 알 수 있도록 하는 데 많은 노력을 기울였다. 또한, 통신불량, 도보 구간 등의 이유로 이동 중에 동영상 시청이 어렵다는 의견이 많아서 다운로드 학습과 함께 음성 학습(Audio-Only)도 지원하도록 변경하였다.

학습지원(Learning Support) 학습 관리와 문의를 학습자가 스스로 주도성을 가지고 관리, 해결할 수 있도록 하는 데 초점을 맞추었다. 학습자가 학습계획을 주도적으로 수립하는 자기계발계획(Individual Development Plan: IDP) 기능을 추가하였다. 일일 학습 권장량과 연간 학습계획을 근거로 계획 대비 실적을 쉽게 확인할 수 있도록 하였고, 해당 위젯(Widget)도 개발하여 홈 화면에서 볼 수 있도록 하였다. 평균 학습시간, 과정 카테고리별 학습성향, 시간대별 학습이력 등의 정보를 한 눈에 볼 수 있는 대시보드(Dashboard) 기능을 학습자에게 제공하고 있다. 또한, 학습자가 자주 문의하는 사항을 콜센터에 문의하지 않고 학습자가 직접 확인할 수 있는 기능을 구현하고, 대화(Chat) 형태로 교육 담당자에게 실시간으로 문의할 수 있도록 하고 있다.

콘텐츠와 서비스 전략

스마트러닝에서는 학습자에게 항상 최선의, 최적의 콘텐츠를 제시하는 큐레이션(Curation) 서비스가 매우 중요하다. 수많은 콘텐츠 중에서 학습자 자신에게 필요한 콘텐츠를 추천함으로써 학습자의 흥미와 관심을 유발하고 목적에 맞는 학습을 할 수 있도록 하기 위한 전략이다. 사실 수많은 콘텐츠가 제시되어 있을 때 학습자에게 가장 중요한 것은 '목적에 맞는 콘텐츠'이며, 앱은 개개인의 직무와 관심사를 충족시키기 위한 적극적인 활동을 해야 한다. 다양한 관심 주제와 읽을거리를 제공하거나 학습이력을 분석하여 최적의 관심콘텐츠를 선별 및 추천하는 것, 그리고 기존 콘텐츠의 효과적인 활용을 위해 개인별 프로파일에 기반하여 직무·직급별 학습과정을 추천하는 기능이 여기에 해당한다.

스마트러닝에서도 이러닝에서처럼 학습 고립감을 해소하기 위해 능동적 학습 활성화를 지원하는 러닝 메이트(Learning Mate) 서비스를 지원한다. 러닝 메이트는 학습자의 고충 처리뿐만 아니라 적극적인 학습 가이드 활동을 지원하며, 학습 활성화를 위해 대시보드(Dashboard) 프로그램을 운영한다. 대시보드는 학습활동 이력을 분석한 현황판으로서, 해당 기간의 학습 활성화 상태에 따라 필요한 조치들을 매뉴얼화하여 다양한 학습 활성화 활동을 전개하고 있다.

　시대의 흐름을 파악하고 따라가는 것이 IT 세계에서는 결코 만만한 일이 아니다. 매우 빠른 속도로 하드웨어가 발전하고 있고 소프트웨어의 발전 속도 역시 이에 발맞추어 빠르게 진행되고 있기 때문이다. 이러한 시점에 과거의 기술만을 고집하기에는 시대의 흐름을 반영하기 어렵고 매번 새로운 기술을 따라가기에는 지불해야 할 비용이 만만하지가 않다. 하지만 스마트러닝은 앞으로 탄생할 새로운 강자들에 의해 끊임없이 변화할 수밖에 없는 분야이다. 앞으로 더 많은 학습자 유형과 행태 분석이 가능하도록 데이터를 축적하고 연구개발에 노력하여 더욱 발전된 기능과 편의를 제공해야 할 것이다.

▼A Smart Odys Ⅲ, 2013

상세설계

Design Principles I

Return to fundamentals and basics!

Flat & Functional   최근에 발표되는 많은 앱이 그러하듯이 ubob(유밥, ㈜인더스트리미디어의 기업교육용 스마트러닝 서비스 등록상표) 플랫 디자인(flat design)을 채택하였다. 실재의 물체를 형상화하고 해당 물체의 디자인과 시각적 효과에 집중하기보다는 기능과 효율을 중심으로 설계하였다. Flat 디자인은 그래픽 요소가 적기 때문에 디자인 일관성을 유지하기 쉽고, 디자인에 소요되는 노력을 기능 구현에 집중시킬 수 있는 장점이 있다.

Simple & Intuitive   ubob에는 이전의 버전보다 훨씬 많은 기능을 포함하고 있기 때문에 화면별로 모든 기능을 표시하면 사용성이 크게 저하될 것으로 예상하였다. 그래서 디자인 초기부터 자주 사용하는 기능과 그렇지 않은 기능, 기본 기능과 고급 기능을

구분하여 설계하였다. 자주 사용하는 기능을 직관적인 화면으로
구성하고 고급 기능은 메뉴와 옵션을 통해서 사용하도록 하였다.

Design Principles Ⅱ

Engage and excite the learner!

Animated & Touch Sensitive　디자인에서 특히 신경을 쓴 영역
은 Touch UI를 고려한 시각적 확인(visual affirmation)과 전환
효과(transition effect)이다. 키보드나 마우스를 눌렀을 때처럼
사용자 피드백을 주기 어렵기 때문에 시각적 확인을 통한 사용자
피드백이 중요하다고 판단하였다. 아울러, 상위와 하위 레벨 메
뉴 화면으로의 이동, 동일 레벨에서의 화면 이동을 학습자가 전
환효과를 통해서 쉽게 인지할 수 있도록 하였다.

Colorful & Customizable　지금까지는 고객사가 ubob을 사용할
때 시각적 정체성(visual identity)을 반영할 수 있는 영역이 많지

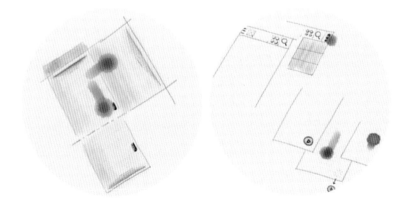

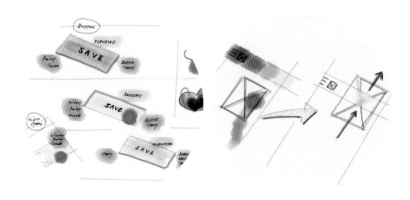

않았다. ubob에서는 초기 화면과 로그인 화면은 물론이고 앱의 전체적인 색상 조합, Navigation Drawer, 개인 프로파일 영역까지도 회사의 정체성(identity)을 반영할 수 있도록 하였다. 학습자로 하여금 ubob이 아닌 소속된 회사의 앱을 사용하는 느낌을 가질 수 있도록 설계하였다.

Wireframe Uses

와이어프레임(wireframe)을 앱 개발의 기획·설계 문서로 사용하였으며, 기획자의 의도를 디자이너와 개발자에게 전달하는 커뮤니케이션 도구로 활용하였다. 디자이너와 개발자가 기획 단계에 참여하면서 많은 개선사항을 도출하였는데, 개선사항을 와이어프레임에 쉽고 빠르게 적용하기 위하여 ubob의 모든 와이어프레임을 스케치로 작성하였다.

Wireframe Elements

학습자 여정(learner journey)에 따라 필요한 모든 요건(use cases)을 정의하고 학습자가 쉽게 이해할 수 있는 정보구조 (information architecture)를 정의하였다. 정보구조에 따라 화면 과 화면의 구성요소(데이터와 기능)를 와이어프레임에 정의하고, 화면별로 사용자 인터랙션에 따른 앱의 반응(애니메이션, 전환효 과, 서버호출, 정보표시 등)을 모두 정의하였다.

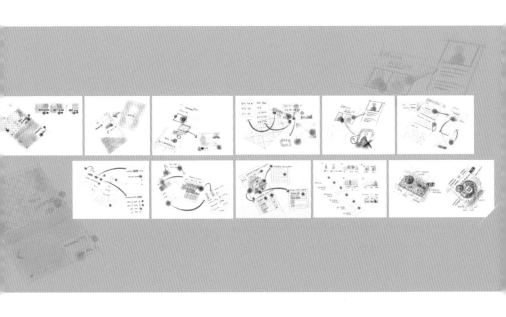

Home

학습자가 처음 접하는 화면은 홈 화면이다. 홈 화면은 학습자가 ubob의 학습효용(learning utility)을 인식하도록 하고, 학습자에게 개인화된 추천 과정을 제시하고, 전략 과정을 홍보하기 위한 영역이다. 학습자의 스마트 디바이스에 설치된 여러 앱을 제치고 ubob에 들어온 만큼 첫 화면에서 이탈하지 않도록 하는 데 목적을 두고 있다.

얼마나 다양한 분야의 과정이 있는지, 어떤 과정이 새로 나왔는지, 어떤 과정이 인기가 많은지, 학습자에게 추천하는 과정은 무엇인지를 안내하여 학습자의 관심을 끌도록 설계하였다. 또한, 학습자가 앱에 들어올 때마다 새로운 정보를 접할 수 있도록 하기 위하여 홈 화면은 기업고객 교육담당자와 ㈜인더스트리미디어 학습운영자(learning mate)에 의해 큐레이션(curation)이 가능하도록 하였다.

Corporate Branding

   기업고객의 시각적 정체성(visual identity)을 ubob의 여러 화면에 적용할 수 있다. 학습자가 ubob을 이용하여 학습하는 동안 학습자가 소속된 회사의 스마트러닝 서비스를 이용하고 있다고 느끼게 하는 데 목적을 두고 있다. 학습자로 하여금 혁신적인 스마트러닝 서비스를 회사로부터 제공받고 있다는 인식과 함께 학습자의 스마트러닝 수용성을 높이기 위해 기업고객의 브랜딩(branding)을 지원하도록 설계하였다. 초기 진입화면(splash), 로그인 화면, Navigation Drawer, 학습자 프로파일(profile) 화면에 기업고객의 메시지와 이미지를 삽입할 수 있도록 하였고 기업고객이 ubob 앱의 주요 색상과 포인트 색상 조합을 직접 선택할 수 있도록 하였다.

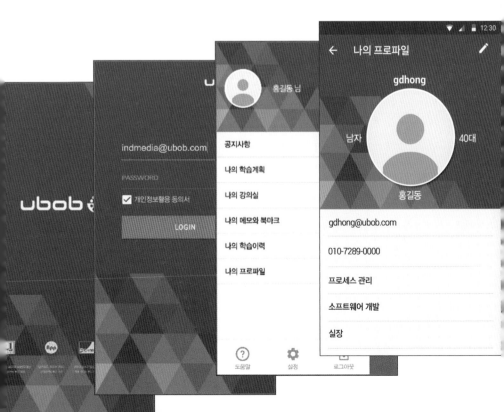

What's Hot & New?

홈 화면에서 학습자가 오른쪽으로 스와이프(swipe)하면 더 많은 신규·인기과정을 차례대로 조회할 수 있다. 모든 학습자의 과정별 수강이력, 좋아요 등의 인터랙션(interaction)에 의해 형성된 객관적인 평가(impartial opinion) 결과를 참고하여 학습자가 과정을 선택할 수 있도록 하는 데 목적을 두고 있다. 학습자가 희망하면 최근의 신규과정은 물론 시점별로 어떤 과정이 신규로 도입되었는지 확인할 수 있도록 하였고, 학습분야(카테고리)별로 신규과정도 확인할 수 있도록 하였다. 과정별 수강순위는 음악 빌보드 차트처럼 실시간으로 확인할 수 있도록 하였고, 신규과정도 영화 예고편을 보는 것처럼 트레일러(trailer) 영상을 통해서 과정 내용을 소개받을 수 있도록 하였다. 더 나아가서, 도입 예정인 과정의 트레일러를 보고 사전에 예약도 할 수 있도록 하였다.

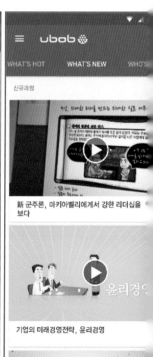

Recommended Courses

학습자가 과정을 수강하는 순간부터 다음에 수강하면 좋을 과정을 추천할 수 있도록 하였다.

학습자의 끊임 없는 자기계발을 유도하고 학습자의 관심 영역과 유사한 과정을 추천하여 일회성 교육이 아닌 상시 학습을 지원하는 데 목적을 두고 있다. 학습자의 직무를 설정할 수 있도록 하여 직무에 적합한 과정을 직급별로 추천할 수 있도록 하였다. 또한, 학습자의 수강이력을 근거로 유사 과정과 관심 과정을 추천할 수 있도록 하였고, 과정 상세정보 화면에서도 연관되는 과정을 추천하도록 하였다. 이러한 추천 기능은 학습자 프로파일이 많이 생성될수록, 학습이력이 많이 발생할수록 정확해지기 때문에 기업고객의 학습자가 학습하면 ubob 학습자 성향을 파악하여 과정추천 정확도가 높아지도록 설계하였다.

Who's Hot?

학습자가 유명 강사를 찾기보다는 유명 강사를 ubob의 '명강사 열전'에서 학습자에게 먼저 제시하도록 하였다. 유명 강사의 약력, 전공 영역에 대한 시각, 해당 강사의 집필 과정에 대한 정보를 학습자가 편리하게 찾을 수 있도록 하는 데 목적을 두고 있다. 학습자의 검색 이력을 분석한 결과, 많은 학습자가 강사명으로 검색하는 행태를 확인하였고, 이러한 학습 행태를 지원하기 위해 유명 강사를 소개하는 화면을 홈 화면과 대등한 수준으로 정의하였다. 유명 강사를 인터뷰하면서 촬영을 병행했고, 인터뷰 동영상을 ubob에 게시하여 학습자가 유명 강사의 다큐멘터리를 직접 시청하는 것처럼 연출하였다. 학습자의 행태를 지속적으로 분석하여, '명강사 열전'처럼 학습자가 필요로 하는 기능을 앞으로 계속 소개할 예정이다.

Learner Communication

모든 교육은 학습자 커뮤니케이션을 필요로 하며, ubob에서는 학습자 커뮤니케이션을 강화하기 위해 다양한 기능을 구현하였다. 통상의 운영정책 변경사항, 시스템 작업 공지 외에도 이벤트 안내, 뉴스 소개 등 다양한 학습자 커뮤니케이션을 지원하는 데 목적을 두고 설계하였다. 각종 뉴스, 이벤트, 학습자 공지는 모두 하나의 기능 내에서 조회하도록 하여, 학습자가 뉴스 섹션, 이벤트 섹션 등을 넘나들어야 하는 불편함을 해소하였다. 그럼에도 불구하고, 이벤트만 보고 싶은 학습자는 필터 기능을 활용하여 선별적으로 볼 수 있는 기능을 구현하였다. 또한, 중요한 이벤트나 공지는 ubob의 다른 화면에서도 게시할 수 있도록 하였고, 학습자가 학습운영자(learning mate)와 실시간으로 대화할 수 있는 Chat 기능을 추가하였다.

Browsing & Search

홈 레벨 화면의 과정 안내·추천과 더불어 학습자가 주도적으로 과정을 찾아볼 수 있도록 하였다. 학습자의 학습 니즈 구체화 수준에 따라서 과정 탐색과 검색을 모두 지원하는 데 목적을 두고 설계하였다. 학습 니즈가 구체적이지 않은 학습자에게는 과정 카테고리를 제시하여 Drill-Down하는 기능을 제공하고, 학습 니즈가 구체적인 학습자에게는 검색을 어디서나 할 수 있도록 하였다. 또한, 학습자 본인의 검색이력과 함께 모든 학습자의 인기 검색어를 조회할 수 있도록 하였으며 주제어(키워드) 검색까지 지원하고 있다. 검색 결과 화면에서는 검색된 과정만 제시하지 않고, 주제전문가, 학습자료 등을 함께 결과로 제공하여 전체 학습 자원 Pool을 검색할 수 있도록 하였다.

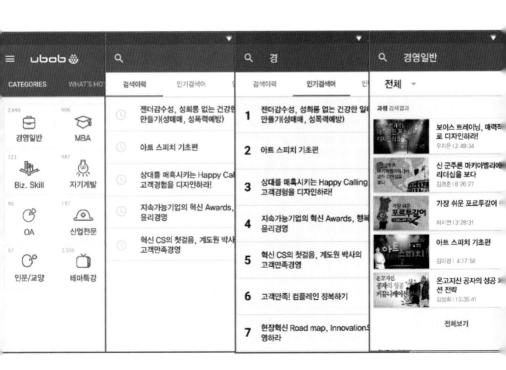

Learning Plans

학습자의 학습 주도성을 강화하기 위하여 자기계발계획 (Individual Development Plan: IDP) 기능을 ubob에 구현하였다. 학습자가 과정을 탐색하는 중에 수강을 희망하는 과정을 찾으면 바로 수강하지 않고 언제 학습할지를 주도적으로 설정할 수 있도록 하였다. 학습계획에 반영하면 일일 권장 학습량 또는 학습자가 설정하는 일일 목표 학습량에 따라 학습기간이 자동으로 설정되도록 하였으며, 학습 성취도에 따라 학습 안내와 독려 Notification을 선택적으로 받을 수 있도록 하였다. 또한, 대부분의 화면처럼 자기계발계획 화면도 학습자의 편의에 따라 연도별, 월별, 일별 조회가 가능하도록 하였다.

Learning Convenience

학습자가 ubob의 어떤 화면에 있더라도 학습 중인 과정을 바로 이어서 학습할 수 있도록 Favorite Action Button(FAB)을 구현하였다. 학습자가 '나의 강의실' 메뉴로 이동하지 않더라도 학습을 재개하는 편의를 제공하는 데 목적을 두고 설계하였으며, FAB이 모든 화면에 존재하더라도 자동 숨김 되도록 구현하여 화면을 가리는 불편함도 없도록 하였다. 학습자에게 제공하는 또 다른 편의 기능은 메모 기능이다. 많은 학습자가 학습 중에 메모하는 사실을 확인하고 ubob 앱 내에서 메모를 할 수 있도록 하였다. 메모 기능과 함께 북마크 기능도 제공하여 학습자가 다시 보고 싶은 내용을 쉽게 찾아갈 수 있도록 하였고, 과정별 메모와 북마크를 다른 학습자와 공유하는 기능도 구현하였다.

Learning Management

학습자가 본인의 학습 이력과 성향을 한 눈에 확인하고, 더 상세한 데이터를 조회하는 Drill-Down 기능을 구현하였다. 학습자가 학습 순위, 기간·시간대별 학습량, 수료율, 학습주제 취향, 사용단말기와 같은 정보를 학습계획에 참고할 수 있도록 하고, 학습자가 교육담당자나 학습운영자(learning mate)에게 문의하지 않고 학습 데이터를 직접 확인할 수 있도록 하는 데 목적을 두고 설계하였다. 또한, 학습자간 우호적 경쟁(friendly competition)을 유도하기 위해 모든 학습 데이터는 다른 학습자 평균과 비교하여 볼 수 있도록 하였다.

Widgets

학습자가 스마트 디바이스 홈 화면에서 학습진도, 의무교육, 뉴스와 이벤트를 확인할 수 있는 위젯(Widget)을 구현하였다. 학습자가 ubob 앱을 열지 않더라도 자주 조회하는 정보, 자주 사용하는 기능을 바로 접근하도록 하는 데 목적을 두고 설계하였다. 교육담당자 또는 Learning Mate의 학습자 대상 커뮤니케이션을 강화하고 학습자에게 학습의 필요성을 상기시키는 데 효과적이라고 판단하고 있다. 또한, 학습 주도성이 강해서 Push Notification을 끈 학습자가 주요 정보를 전달받는 채널 역할을 수행할 것으로 기대하고 있다.

성과와 사례

4

▼Enjoy Data & Story Ⅰ, 2014

성과분석

최근 스마트러닝이 하루가 다르게 확산되고 있다. 스마트기기의 보편화와 함께 스마트러닝도 일상적인 교육의 한 형태로 정착되어 가고 있다. 아르바이트도 스마트폰으로 지원할 정도다. 여기서는 국내 기업교육 분야에 스마트러닝이 얼마나 도입되고, 어떻게 활용되고 있는지 그 실태를 함께 살펴보고, 향후 HRD 입장에서 스마트러닝을 도입하는 데 필요한 몇 가지 시사점을 제시하고자 한다.

분석 데이터 개요

기업교육용 스마트러닝 서비스 전문회사인 ㈜인더스트리미디어의 학습 빅데이터를 활용했다. ㈜인더스트리미디어는 2010년부터 기업교육용 스마트러닝 서비스를 상용화하는 데 성공하여 연구에 필요한 신뢰할 만한 수준의 표본 데이터량을 제공했다. 이번 연구에서는 2010년 10월부터 2014년 7월까지의 스마트러닝 학습 데이터와 2014년 상반기에 실시된 스마트러닝 학습자 설문조사 데이터를 활용하였다. 분석대상이 된 총 학습 데이터는 9,536,701개이며, 설문조사는 총 31개 항목으로 구성되었다. 설문조사의 경우 사용된 유효응답자수는 총 1,867명이다.

도입기에서 성장기로 전이

학습자 규모는 2012년 7월 18,550명에서 2014년 7월 139,873명으로 연평균 성장률(CAGR) 174%를 나타내고 있고, 참여 기업 수는 2012년 7월 18개사에서 2014년 7월 268개사로 최근 3년간 연평균 296%의 성장률을 기록하고 있다. 2년 사이 학습자 규모는 7.5배, 참여 기업 규모는 14.9배의 성장세를 보여주고 있다. 최근 4년 간 스마트폰 시장의 확산 속도와도 견줄 괄목할 만한 성과라고 볼 수 있다. 2013년을 지나며 성장 곡선이 급상승하고 있어, 국내 스마트러닝이 증가추이가 더딘 도입기를 지나 성장기에 진입했다는 의미로도 해석할 수 있다. 이제는 몇몇 혁신적인 기업만 사용하는 새로운 HRD 트렌드가 아니라, 보편적 교육 방식의 하나로 자리매김하기 시작했음을 시사하고 있다.

성장기에 들어섰다는 증거는 전반적인 스마트러닝 학습량이 증가하고 있다는 점에서도 확인할 수 있다. 2012년 전체 학습자가 스마트러닝을 학습한 시간은 약 5,000시간 남짓이었다. 2014년 현재 많은 기업과 학습자들의 참여로 월 평균 52,459시간이

누적학습자 규모 및 참여기업 수

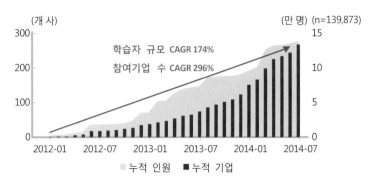

월별 총 학습시간

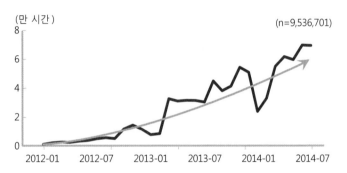

월 평균 총 학습시간

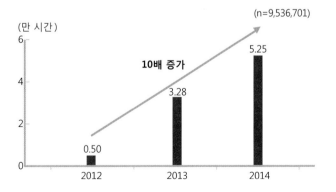

라는 학습량을 보이고 있다. 이는 2012년 대비 10.4배 증가한 수치로서 스마트러닝이 산업 전반에 급격히 확산되고 있으며, 산업 역량 강화에 크게 기여하고 있는 지표라고 할 수 있다. 2014년 7월 현재까지 누적 학습량은 824,701시간으로 전체 산업에 약 94년 분량의 학습을 제공한 셈이다.

스마트러닝 학습자들의 학습시간도 크게 늘어나 인당 월 평균 3시간 이상의 학습을 진행하고 있는 것으로 나타났다. 이는 3년 전인 2011년에 비해 약 2배가 늘어난 수치로, 스마트러닝이 점차 직장인의 일상생활 속에 자리잡아가고 있다는 것을 알 수 있다. 지하철에서, 버스에서, 카페에서 스마트폰을 통해 학습하고 있는 사람을 만나는 것이 그리 어렵지 않게 된 이유이기도 하다.

회사 임직원들의 스마트러닝 참여율도 큰 폭으로 증가했다. 2012년만 해도 스마트러닝 도입 기업 임직원의 약 13%만이 스마트러닝에 관심을 갖고 활용하고 있었지만, 2014년 현재 21% 이상의 임직원이 스마트러닝을 진행하고 있다. 교육전략 차원에서 적극적으로 스마트러닝을 활용하려는 교육담당자들의 노력과, 스마트기기 활용에 좀 더 익숙해진 임직원들의 관심도가 함께 커진 덕분에 나타난 학습 성과라고 할 수 있겠다.

2014년의 학습시도 1회당 평균 학습시간이 대폭 증가하였다. 2011년의 경우, 스마트기기로 학습을 하기에는 통신장애가 잦아 안정적 학습이 어려운 상황이었으나, 현재 국내에는 당시 3G보다 10배나 빠른 LTE-A 통신망이 도입되었고, 데이터 통신의 커

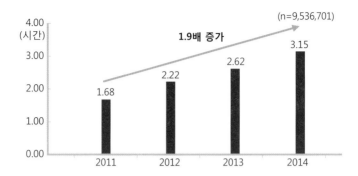

학습자 인당 평균 학습시간

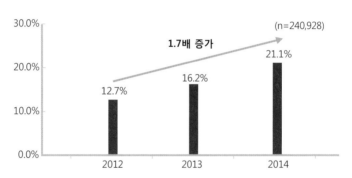

스마트러닝 참여율

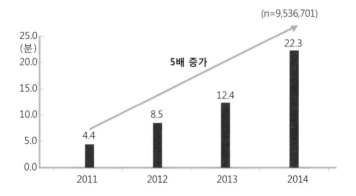

1회 평균 학습시간

버리지가 이전보다 대폭 넓어져 끊김 없는 안정적 학습이 가능한 인프라가 구축된 상황이다. 뿐만 아니라, 학습자들이 스마트기기에 익숙해져 이를 통한 학습에 보다 익숙해졌다고 할 수 있다. 이제는 스마트러닝을 진행하기에 충분히 안정적인 인프라와 사회문화적 환경이 제공되고 있다는 의미로도 해석할 수 있다.

이상의 분석 결과에서 보듯이 초기 스마트러닝 도입시 고민했던 끊김 현상이나 느린 속도, 학습 연동, 통신비용, 정보보안과 같은 많은 이슈들이 통신기술의 발전으로 많은 부분 해결된 상태이다. 성장기에 들어선 이제는 오히려 스마트러닝을 '어떻게 잘 활용할 것인가'에 대한 이슈가 훨씬 더 중요해졌다.

시·공간의 제약을 뛰어넘은 학습의 일상화

학습자들에 대한 설문조사 결과, 회사가 아닌 집이나 이동 중에 스마트러닝 학습을 한다는 응답이 전체의 73.4%에 달했다. 지하철과 버스 등에서 활용한다는 응답이 27.6%로 나타나 학습자들이 기존에 활용할 수 없었던 시간을 효과적으로 활용할 수 있도록 지원하는 도구로서 스마트러닝이 자리를 잡아가고 있음을 알 수 있다.

스마트러닝은 이동성 보장이라는 편익을 통해 집과 회사라는 공간상의 제약을 탈피하여 원하는 내용(適材: 적재)을, 필요한 장소(適所: 적소)에서, 언제든지(適時: 적시) 학습할 수 있다는 기제를 제공하고 있는 것이다. 이에 따라 스마트러닝은 학습자들의 자기계발 시간을 물리적으로 확장하는 데 큰 기여를 하였다. 이제는 강의실도, PC 앞도 아닌 스마트기기를 지니고 있는 곳은 모두 학습 공간이 될 수 있다는 의미이다.

학습 시간대 분석에 따르면, 52.8%의 스마트러닝이 업무 외 시간에 진행된 것으로 나타났다. 이 중 출퇴근 시간이 26.4%를 차지하고 있어 4시간 중 1시간 이상을 출퇴근 시간을 활용해 스마트러닝을 실시하는 것으로 파악됐다. 언제, 어디서나 학습할 수 있다는 클라우드(cloud)의 개념과 개인화된 기기를 사용하여 이동 중에도 학습할 수 있도록 한 이동성(mobility)의 개념이 효과적으로 작용하고 있는 것으로 분석된다.

스마트러닝 학습자들은 주말에도 꾸준히 학습을 진행하고 있는 것으로 나타났다. 이러한 임직원의 역량 향상 노력은 기업 경쟁력 강화로 이어지므로 기업 입장에서는 자기계발 측면에서도 스마트러닝이 매우 효과적인 대안임을 알 수 있다. 또한 주말의 경우 평일 대비 약 63%의 스마트러닝 학습량을 보이고 있는 점도 기업교육에 시사하는 바가 크다. 무한 경쟁사회에서 역량 개발을 통한 직원들의 경쟁력 향상 노력은 주중, 주말을 가리지 않고 일어나고 있는 것이다.

요일별로 학습량을 살펴보면 공식적인 회의나 행사가 많은 월요일이나 주말보다는 업무가 집중되는 화요일과 수요일에 상대적으로 더 높은 것으로 나타났다. 업무 효율 강화를 위해 스마트워크플레이스(Smart Workplace)를 강조하고 있는 기업 입장에

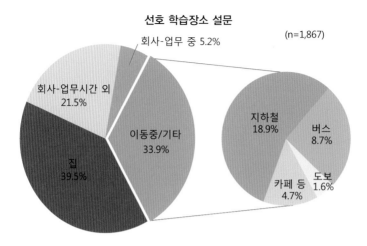

선호 학습장소 설문

회사-업무 중 5.2%

(n=1,867)

회사-업무시간 외 21.5%

이동중/기타 33.9%

집 39.5%

지하철 18.9%

버스 8.7%

카페 등 4.7%

도보 1.6%

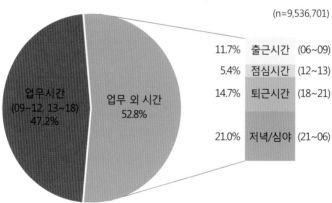

학습시간대 분석

(n=9,536,701)

업무시간 (09~12, 13~18) 47.2%

업무 외 시간 52.8%

11.7% 출근시간 (06~09)

5.4% 점심시간 (12~13)

14.7% 퇴근시간 (18~21)

21.0% 저녁/심야 (21~06)

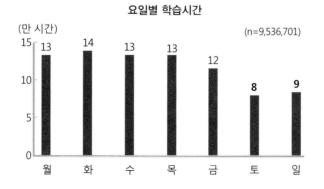

요일별 학습시간

(만 시간)

(n=9,536,701)

서는 이러한 스마트러닝을 통한 성과향상이 앞으로 중요한 이슈가 될 것으로 여겨진다.

전략적 HRD와 자기계발 욕구 동시 충족

스마트러닝을 통한 학습 참여동기에 대한 질문에 자기계발 목적이라고 응답한 학습자가 47%로 가장 많았으며, 다음으로는 회사의 필수 학습 등 사내 교육 정책 때문에 참여했다는 응답자도 27%로 나타났다. 마지막으로는 업무역량 향상 목적이라고 응답한 학습자가 23%를 차지하였다.

이는 스마트러닝을 통해 더욱 향상된 성과를 창출하려는 회사의 교육전략과, 자기계발 욕구충족을 위해 자발적으로 학습에 참여하는 비중이 커지고 있다는 두 가지 요인이 주요 학습동기로 작용하고 있음을 보여주는 것으로서, 향후 스마트러닝 활성화를 예측할 수 있는 중요한 단서라고 할 수 있겠다.

학습 선호 분야 역시 학습 참여 동기와 일관된 응답결과를 보여주고 있어 자기계발, 어학, 인문/교양과 같은 자기계발 영역으로 구분되는 분야를 65%의 응답자가 선호하는 것으로 나타났다. 경영직무와 리더십, 산업 전문과 같은 분야는 약 30%를 차지하여 다소 적은 점유율을 나타내었다.

하지만 실제 학습자들의 학습시간을 분석해 본 결과, 경영 직무와 기업별 자체 콘텐츠 학습시간이 전체 학습량의 52%에 달해 학습 선호분야 조사결과와는 다른 결과를 나타냈다. 경영 직무

스마트러닝 학습 참여 동기(설문)

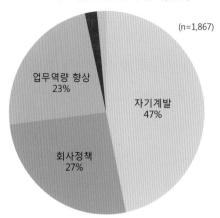

(n=1,867)

업무역량 향상
23%

자기계발
47%

회사정책
27%

학습 선호 분야(설문)

(n=3,230, 중복허용)

분야	값
자기계발	1098
어학	649
경영직무	621
인문/교양	358
리더십	278
베스트셀러	146
산업 전문	61
기타	19

분야별 학습 시간

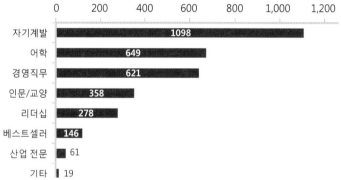

(n=9,536,701)

(만 시간)	값
경영직무	23.7
자체	18.7
자기계발	11.5
어학	11.1
리더십	5.9
인문/교양	4.1
테마특강	4.0
베스트셀러	2.6
생활취미	0.1

콘텐츠의 경우, 필수 학습 지정 등을 통한 적극적인 학습 유도의 결과인 것으로 보인다. 기업별 자체 콘텐츠는 자사의 신상품 소개, 세일즈 노하우의 공유와 같이 업무에 직접적으로 활용할 수 있는 다양한 소재로 제공되고 있어 학습과 업무 상황이 밀접하게 결합된 Embedded Learning 형태의 교육이 이루어지고 있다고 해석할 수 있다.

이러한 결과는 기업교육 담당자가 얼마나 스마트러닝을 적극적으로 활용할 것인가에 대한 개입의지가 학습분야에도 많은 영향을 미친다는 것을 보여주고 있다. 기업별 스마트러닝 활용 기간이 평균 1.5년도 되지 않는 상황에서는, 학습자들의 자기계발 의지뿐만 아니라 HRD 부서의 변화관리 노력도 병행되어야 함을 보여주고 있다.

이러닝을 대체할 수 있는 효과성 입증

학습자들에게 스마트러닝의 학습 효과성에 대해 세 가지 설문으로 조사했다. 학습 내용 만족도에 있어서는 47% 이상의 학습자가 높거나 매우 높다고 답하였으며, 이후에도 지속적으로 학습할 의향이 있는지 묻는 설문에서는 58%의 학습자가 긍정적으로 응답했다. 기존의 학습 대안인 이러닝과 대비하여 학습효과가 어느 정도인지를 묻는 설문에서는 52%의 학습자가 이러닝 대비 상대적으로 높거나 매우 높다고 답하였다.

세 가지 설문 모두에서 부정적인 답변은 6% 미만으로 나와, 학

학습 내용 만족도(설문)

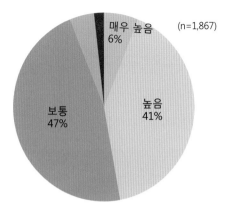

(n=1,867)

매우 높음
6%

보통
47%

높음
41%

지속 학습 의향(설문)

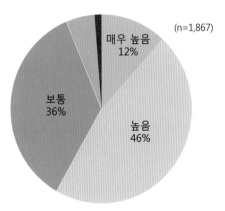

(n=1,867)

매우 높음
12%

보통
36%

높음
46%

이러닝 대비 효과성(설문)

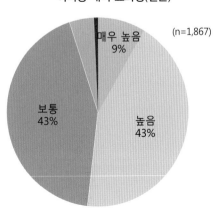

(n=1,867)

매우 높음
9%

보통
43%

높음
43%

습자들의 스마트러닝에 대한 수용도는 매우 높다고 할 수 있으며, 학습 효과성에 있어서도 기존 이러닝을 대체할 만한 충분한 잠재력을 보유하고 있다고 판단된다.

HRD 담당자들에게 주는 시사점

스마트러닝의 확산 속도 일부이지만 이번 분석에 사용된 스마트러닝 데이터는 국내 268여 개 기업 14만여 명이 학습한 1천만여 개 데이터이다. 최근 3년간 데이터의 분산정도를 살펴보면 후반부로 갈수록 대상 학습자 수와 로그데이터가 기하급수적으로 쌓여나가고 있어 스마트러닝이 기업교육에 얼마나 빠르게 확산되고 있는지, 그 추세를 알 수 있다. 특히 국내 스마트기기의 보급률마저 현재 90%에 이르고 있어 기업 내외부적인 교육환경 측면에서도 스마트러닝의 도입은 이제 피해갈 수 없는 흐름이 되었다고 볼 수 있다.

성장초기 단계 진입 스마트러닝이 도입기를 지나 성장초기 단계로 접어들고 있다. 이것은 스마트러닝을 왜 도입해야 하는가에서 어떻게 도입하고, 활용할 것인가로 논의의 주제가 옮겨가고 있다는 의미이다. 스마트러닝은 과거 이러닝과 같이 정형화된 시스템이 아니므로 외부의 혁신적인 저비용 프레임을 소싱해서, 이것을 어떻게 자신들에게 맞게 운영할 것인가에 더 집중해야 한다.

스마트러닝을 활용하게 되면 학습 빅데이터가 쌓여 자신들에게 맞는 세분화된 교육기획이 가능해진다. 이를 통해서 학습자들은 과거 이러닝에서 느꼈던 업무와 학습간의 괴리감을 극복할 수 있을 것이며, HRD 부서는 기업 내 전략적 파트너라는 핵심적인 역할에도 충실할 수 있다.

자기주도적 학습실현 스마트러닝을 통해 자기주도적 학습이 실현되고 있다. 과거 이러닝에서는 장소와 시간의 제약뿐만 아니라 획일적인 학습진행으로 인해 학습자들이 자신을 객체로 인식했다. 하지만 이제 스마트러닝을 통해서는 자율적인 학습장소, 근무시간과 무관하게 이루어지는 학습시간대, 증가하는 인당 학습시간과 같은 지표에서도 보이듯이, 학습자들이 스스로 학습 프로세스를 만들어 가는 주체가 되어가고 있다.

앞으로 스마트러닝은 자기주도적으로 변화하는 이러한 학습형태를 지원하기 위해서 소셜기능 등을 통해 Peer Learning이나 Just-In-Time Support와 같은 양방향 이상의 Multi-Way 학습기능을 제공할 것이다. 또한 자발적인 학습시간이 늘어나면서 학습동기와 흥미를 불러 일으킬 수 있는 다양한 보상기능이나 Gamification과 같은 학습기능이 늘어나, 이러닝보다 훨씬 더 자기주도적인 학습으로 진화해 나갈 것이다.

맺음말

스마트러닝의 발전속도는 실로 놀랍다. 국내뿐만 아니라 해외에서도 스마트러닝을 도입하는 조직들이 점점 늘어나고 있다.

Towards Maturity Benchmark 조사로는 2014년 71%의 응답자가 회사에서 스마트러닝을 도입하였거나 도입을 검토하고 있다고 한다. 대부분 필요할 때 어디에서나 바로 학습할 수 있는 즉시성이 현재로서는 가장 큰 장점일 것이다. 앞으로는 이러한 즉시성뿐만 아니라, 스마트기기의 발전에 따라 그동안 HRD 분야에서 구현하지 못했던 다양한 기능들이 빠른 속도로 개선되어 나갈 것이다. 클라우드, 빅데이터, 소셜기능과 같은 기능들이 시너지효과를 일으켜, 그동안 이러닝에서는 상상할 수도 없었던 기능들이 콘텐츠, 솔루션, 서비스 전 분야에서 발전해 나갈 것이다. 이제 교육 콘텐츠도 영화나 음악 콘텐츠의 소비구조와 크게 다르지 않게 되면서 학습량이 빠르게 늘어나고, 학습자가 자기주도적인 학습활동을 하는 데 필요한 구체적이고 흥미있는 데이터와 스토리를 풍부하게 제공하는 서비스가 탄생할 것이다.

이제 기업교육 담당자들은 현재와 같이 기업내부에만 의존하는 이러닝과 같은 고립된 교육시스템에서 벗어나 새롭게 진화하는 스마트러닝 시스템이 선택사항이 아닌 필수라는 인식을 가져야 할 때이다. 우리를 둘러싼 기업 환경이 빠르게 연결되고 있다는 것은 그만큼 다양한 산업 내 사물과 인간이 콘텐츠를 통해 소통하는 기회가 증대된다는 사실을 의미한다. 이러한 변화에 적응한 선발 기업과 그렇지 못한 후발기업간 교육인프라는 시간이 지날수록 큰 차이를 가져올 수밖에 없다. 따라서 현재 스마트러닝을 통한 변화와 혁신에 적응한 스마트기업(Smart Enterprise)일

수록, 보다 효율적인 비용 및 시간관리 속에 창조적인 인재육성 전략을 구사해 나갈 수 있을 것이다.

▼Enjoy Data & Story Ⅱ, 2015

Dentsu-Aegis Network:
Arouse the HULK!

Dentsu-Aegis Network는 기존에 진행해오던 오프라인 형태의 Blended-learning에 대한 한계성에 대해 면밀히 파악함으로써 임직원들의 교육 콘텐츠 접근성, 자율성, 그리고 시간과 비용을 고려한 효율성이라는 세 가지 측면에 중점을 두어 스마트러닝을 도입하게 됐다.

Dentsu-Aegis Network는 전 세계 123여 국에 약 36,000명의 직원을 둔 글로벌 미디어커뮤니케이션 그룹으로, 비즈니스 영역별로 브랜드들이 있으며, 전반적인 광고 영역을 모두 커버하고 있다. 광고 회사의 특성상 거의 매시간 클라이언트와 함께 붙어 다녀야 하는 탓에 직원들의 교육 일정을 잡기가 매우 힘들었고 체계적인 교육 시스템을 정립하기도 어려웠다. 이 때문에 기존 직원 교육은 그때그때 Needs에 따라 산발적으로, 다소 급하게 진행되는 부분이 많았던 것이 사실이다.

이러한 상황 속에서 매년 전 세계 법인이 동시에 시행하는 직원 Needs 조사(Global check-in)를 통해 기존 형태와는 다른 차별화된 직원교육에 대한 임직원의 학습형태를 파악하게 된 것이 스마트러닝을 도입하게 된 시발점이 됐다.

스마트러닝 도입 후

스마트러닝 도입이 결정된 후에는 무엇보다도 집중적인 사내 홍보에 주안점을 두어 임직원들의 관심을 끌어모으는 것이 관건이었다. 특히 바쁜 업무 속에서 식상해진 직원들의 자기계발 욕구를 다시금 불러일으키는 것이 무엇보다 중요했다. 이에 스마트러닝 시작일 3주 전부터 네 차례에 걸친 네 가지 형태의 티저 광고(teaser advertising) 메일링 및 잠재력을 깨우고 성장하라는 의미의 헐크 포스터 제작 부착을 통해 임직원들의 관심을 집중시키고, 궁금해하는 일부 직원을 통해 Viral marketing을 시행함으로써 회사의 새로운 교육제도에 대한 홍보에 집중하였다. 또한 사내 평가제도의 자기계발 항목과 관련, 각 부서의 리더들과 자기계발의 방향성에 대한 협의의 자리를 적극적으로 마련함으로써 자연스럽게 스마트러닝이 또 하나의 자기계발의 방법이 될 수 있도록 간접홍보에도 집중하였다. 그 결과, 많은 직원이 새롭게 도입되는 스마트러닝 직원교육에 대해 높은 관심을 보였고 개별적인 연락을 통해 콘텐츠 내용과 그 운영 방식에 대해서 많은 문의를 주기도 하였다.

스마트러닝을 시작한 후에는 주기적 푸시(Push)메일과 학습우수자 및 우수 팀 시상, 분야별 콘텐츠 추천 등의 방법을 활용하며 임직원들의 지속적인 참여와 관심을 끌어보려고 노력하고 있다. 또한, 승진자를 대상으로 한 리더십 콘텐츠 학습을 의무화하여 필수과정을 지정, 일정 기간 내에 학습할 수 있도록 사내 교육 structure를 구성 중이다. 스마트러닝 도입을 통해 비로소 회사 내 체계적인 직원교육 시스템을 갖추기 시작한 것이다.

스마트러닝 도입 3개월이 지난 현시점에서, 직원들의 만족도는 매우 높은 편이라고 볼 수 있다. 회사에서 요구하는 교육을 억지로 받는다는 느낌이 아닌, 스스로 학습할 환경을 조성하고 자기 주도형 학습을 권장하고 있는 것이 기존의 교육방법에 비해 높은 만족도를 보이고 있는 것이라 판단된다.

Dentsu-Aegis Network의 교육담당자는 "시대가 바뀐 만큼 예전의 자기 주도형 사람들의 관심을 얻기 어려울 것"이라며 "그런 의미에서 시공간을 초월하여 본인들이 원하는 강좌를 자유롭게 학습할 수 있는 스마트러닝의 도입은 단언컨대 현시점에서 최고의 선택이었다"고 소감을 밝혔다.

Dentsu-Aegis Network의 실무담당 부장은 "워낙 다양한 분야의 콘텐츠가 탑재되어 있다 보니 필요한 강좌를 골라서 보는 재미가 있었다"며 "특히 부장으로서 부하 직원들과의 원활한 커뮤니케이션이 중요하다 생각하여 리더십 관련 강좌들을 보면서 도움을 많이 받았다"고 밝혔다.

스마트러닝 도입을 성사시켰던 Dentsu-Aegis Network의 인사·교육담당 과장은 "스마트러닝 도입을 통해 직원들의 복리와 자기계발이라는 두 마리 토끼를 모두 잡을 수 있었다"며 "직원들끼리 스스로 추천 강좌를 공유하는 등 회사 내에서 조금씩 학습 분위기가 형성되고 있음을 눈으로 확인하며 담당자로서 매우 뿌듯함을 느꼈다"고 말했다.

앞으로도 Dentsu-Aegis Network는 스마트러닝에 대한 지속적인 참여유도와 전 직원의 학습화를 위해 달려갈 것으로 보인다. 매월 업데이트되는 신규 과정을 통해 학습하는 직원들에게 끊임없는 refresh를 선사할 것이며 체계적인 학습 운영 관리 시스템은 HRD 솔루션 완성에 한 발짝 다가갈 수 있는 원동력이 될 것이다.

임직원들의 참여를 유도하는 다양한 방법의 확충과 회사의 조직문화에 적합한 일명 커스터마이징 콘텐츠의 개발과 제공을 통해 스마트러닝이 전 직원이 No.1로 꼽는 사내 교육 프로그램으로 자리 잡게 될 것으로 믿는다. 마지막으로 PC 앞에서만 학습하던 방식의 이러닝을 버리고 스마트러닝을 바로 도입한 것 역시 탁월한 선택 중의 하나였고 직원들이 즐거워하는 학습이야말로 진정한 기업교육의 가치라 생각해 본다. 내 안의 헐크를 깨우기 위한 Dentsu Aegis Network의 노력은 앞으로도 계속될 것이다.

회사 곳곳에서 스마트러닝을 홍보하는 헐크 포스터를 발견할 수
있다.

비씨카드:
자기주도학습 플랫폼

　비씨카드는 직원 개개인이 본인의 직무와 역량을 고려하여 필요한 교육을 선택하고 본인에게 효과적인 방법과 가용한 일정에 학습을 할 수 있도록 여러 인프라 및 교육 콘텐츠를 제공하고 있다. 그 중에 하나가 '스마트러닝' 프로그램이다.

　'직원들의 역량 제고 측면이나 회사의 성과에 실질적으로 기여할 수 있는 교육'은 무엇일까? 많은 교육 담당자들이 고민하는 명제가 아닐까 한다.

　그러나, 각 분야의 새로운 지식과 기술들이 빠르게 생겨나고 기업 환경이 매우 급속도로 변하고 있기 때문에 직원들 개개인에게 필요한 교육은 소속조직과 개인의 보유 지식 및 역량에 따라 매우 다르다. 또 개인의 성향, 가용한 시간 등에 따라 직원 개개인에게 실질적인 도움이 될 수 있는 교육 방법도 다르다. 이렇게 과거의 교수 중심이었던 교육은 점점 학습자 중심적으로 그 관점이 바뀌어 가고 있다. 마치 오케스트라의 연주자들이 각기 다른 소리를 내는 다양한 악기로 하모니를 만들어 낼 때, 지휘자는 전체의 조화에 집중하고, 각 악기별 완성도를 위한 개별연습은 연주자 개인의 몫인 것과 비슷하다.

비씨카드의 가장 중요한 교육 추진 방향성 중의 하나가 '자기 주도형 학습 강화'인 것도 이런 학습자 중심의 교육을 지원하기 위함이다.

전직원 스마트폰 지급에 따른 모바일러닝 니즈 확산

비씨카드는 모바일 카드를 발급하는 카드사로서 직원들이 모바일을 친숙하고 편안하게 활용할 수 있어야 한다는 차원에서 2012년 초 전직원에게 최신 스마트폰을 지급하였다. 이렇게 준비된 모바일러닝 인프라의 활용방안 검토와 더불어, 기존 PC 기반의 온라인 교육에서 간헐적으로 발생하는 형식적 학습에 대한 개선 필요 차원에서 모바일러닝 프로그램 도입이 검토되었다.

먼저, FGI(Focus Group Interview)를 통해 직원들의 모바일러닝 니즈를 확인해 본 결과 대다수 직원들이 출퇴근 시간 또는 자투리 시간에 스마트폰을 활용하여 학습하기를 희망하였으며, 때와 장소에 따라서 PC와 모바일기기를 취사선택하여 병행 사용하고자 하는 니즈도 상당수 있었다. 또 직무에 국한되지 않는 다양한 콘텐츠를 학습하고자 하는 니즈도 많았는데 이는 직원들이 시장의 트렌드, 최신 지식을 학습할 수 있도록 직무역량콘텐츠를 제공하는 것뿐 아니라 교양/인문/어학/특강 등의 다양한 교육 콘텐츠를 제공하고자 했던 회사의 교육 방침과도 일치하는 부분이었다.

기존 PC 기반의 온라인 학습에 대해서는 필요에 의해 신청했으나 기대했던 내용과 교육 내용이 다르거나, 급한 업무 수행으로 제대로 수강하지 못하는 경우에는 형식적으로 학습을 진행하는 경우도 있어 개선이 필요하였다.

이런 직원들의 니즈를 수용하여 직원들이 원하는 콘텐츠를 원하는 시간과 장소에서 학습할 수 있도록 하기 위하여 비씨카드는 스마트러닝을 도입하였다. 모바일러닝 도입시 가장 중점을 둔 부분은 양질의 콘텐츠를 다양한 디바이스(스마트폰, 태블릿, PC 등)를 통하여 안정적으로 제공하여 직원들의 '자기주도형 학습'을 충분히 지원하는 것이었다.

자기주도형 학습 – 원하는 콘텐츠만, 원하는 곳에서, 원하는 시간에

'자기주도형 학습 지원 강화'를 위하여 비씨카드의 스마트러닝은 '3無 정책'을 갖고 있다.

콘텐츠별 비용부담 無 직원들은 모바일 러닝을 통하여 680여 개의 시리즈 11,000여 개의 콘텐츠를 모두 무료로 학습할 수 있다. 고용보험이 적용되지 않는 모바일러닝의 특징을 활용하여 콘텐츠 제공 전문회사와 비용정책 협의시 과정별이 아닌 직원수별로 운영함에 따라 직원들은 콘텐츠의 비용을 고민하지 않고 관심있는 과정을 모두 신청하여 들을 수 있다. 이에 따라 직원들은 본인에게 필요한 학습을 쉽게 검색하여 들어볼 수 있고, 본인이 기대했던 콘텐츠 혹은 학습방식이 아닌 경우에도 억지로 들을 필요없이 언제든지 학습을 멈출 수 있다. 이는 학습에 대한 부담감을 덜어주고 자기 선택의 범위를 넓혀 학습 동기를 유발시키는 하나의 요소가 된다.

특정 수강신청 기간 無　기존 교육 과정들은 특정기간에 수강신청을 하고 특정기간까지 수강을 완료해야 하는 제한이 있었으나, 모바일러닝은 학습자가 듣고 싶을 때 언제든지 신청해서 수강할 수 있으며 또 갑자기 일정이 생긴 경우에는 스스로 학습시간을 조정하여 여유가 생겼을 때 들을 수 있다. 학습니즈가 생겼을 때 즉시 학습을 할 수 있는 시스템은 학습을 촉진시키고 효과를 제고시킬 수 있다. 또 일단 신청을 하면 개인의 상황과 관계없이 기간 내에 수료를 해야 하기 때문에 발생할 수 있는 형식적인 학습은 직원별로 학습 일정을 조정하여 선택적으로 학습이 가능함에 따라 줄어들 수 있다.

과정별 수료기준 無　평균 16시간의 온라인 과정 중, 또는 1박 2일의 집합과정 중 모든 학습자에게 정말 유의미한 콘텐츠는 얼마나 될까? 하지만 수강생은 수료를 하기 위해 알고 있는 내용이나 필요없는 내용이라도 전체를 다 학습해야 한다. 그래야 학점도 받을 수 있고 미수료에 따른 패널티도 면할 수 있기 때문이다. 이런 점을 개선하고자 모바일러닝은 과정별 수료기준을 두지 않고, 수강한 시간만큼을 학점에 반영한다. 때문에 직원들은 각 과정에서 스스로에게 필요하고 도움이 되는 내용만 발췌하여 수강할 수 있고 이는 불필요한 내용을 형식적으로 학습하지 않도록 돕는다.

6개월간 직원별 평균 약 50개 콘텐츠, 11시간 수료

당사는 2012년 6월부터 전직원에게 15개의 카테고리, 11천 여 개의 콘텐츠를 모바일과 PC를 통해 수시로 학습할 수 있는 스마트러닝 프로그램을 제공했으며, 윤리경영/정보보안/성희롱 예방교육 등 필수 의무교육도 일부 이 프로그램을 통하여 진행했다.

그 결과 2012년 6월부터 12월까지 약 6개월 동안 스마트러닝을 통하여 직원 1인당 평균 약 57개의 콘텐츠를 수료하였으며 학습자별 평균 학습시간은 약 10.8시간이었다. 이는 한달에 1~2시간의 길지 않은 시간이지만, 직원들이 자발적으로 선택하여 수강한 내용이 대부분이었다는 데 의미가 있다. 특히 직원별 평균 학습 시도는 약 117회인 데 반하여 수료한 콘텐츠는 50개로 50% 밖에 되지 않는 점은, 직원들이 수강신청을 한 후 내용적인 측면이나 시간적인 측면에서 선택적인 학습을 하는 것을 보여주고 있다. 이러한 현상은 스마트러닝을 통한 학습은 양적인 면에서는 축소될 수 있으나, 질적인 부분은 제고될 수 있음을 추측할 수 있다. 인당 평균 활용 채널수는 1.7개로 직원들은 대부분 복수의 교육 디바이스를 시간과 장소에 따라 선택적으로 활용하여 학습하였다.

학습내용 측면에서 직원들은 의무 과정(57%) 외에도 당사의 역량 사전에 따른 역량별 과정(16%)과 영어/중국어 같은 어학과정(8%)을 주로 학습하였으며, 기존에는 제공하지 않았던 인문교양/테마특강 등 직무와 직결되지 않는 과정(9%)도 상당수 수강하였다. 이는 직원들이 다양한 인문학적 소양을 기반으로 창의적 사고를 통하여 '금융과 통신 컨버전스' 영역에서 새로운 사업기회들을 만들어 내는 데 기여하고자 하는 당사의 교육 방향에 부합하는 것이라 할 수 있다. 이 밖에도 직원들은 리더십(3%), MBA(2%) 등 본인에게 필요한 내용들을 취사선택하여 자발적으로 학습할 수 있는 기회를 갖게 되었다.

직급별로는 과장(30%)/차장(26%)들이 주로 이용하는 성향을 보여, 모바일러닝이 대리 이하(23%)/사원(18%)의 젊은 직원들뿐 아니라, 중견사원들에게 더 선호되는 학습 방법임을 알 수 있었다.

자투리 시간을 활용한 스마트한 러닝

2013년 2월 스마트러닝 학습자 중 약 60명을 대상으로 설문

조사를 한 결과 스마트러닝의 주요 이용시간은 출근시간(13%)과 퇴근시간(33%)이 거의 절반을 차지했으며, 학습장소는 지하철(33%), 버스(9%) 등 대중교통이 거의 절반을 차지했다. 이는 기존에는 학습을 할 수 없던 장소에서 자투리 시간을 효과적으로 활용하여 직원들의 시간활용도를 높이고 자기계발 기회가 확대되었음을 의미한다.

실제로 스마트러닝의 학습 참여 동기는 자기계발이 74%로 대다수를 차지하고 있었다. 이 밖에도 스마트러닝의 계속적 이용 의향은 보통 이상이 98%를 차지하는 등 스마트러닝은 기존의 여러 다양한 방법의 학습과 더불어 보완되는 매체로 직원들의 자기계발 니즈를 조금 더 쉽게 실행하는 데 도움을 주고 있다.

새로운 학습채널의 적극적 활용이 필요

무엇이든 새로운 것에 익숙해지기까지는 시간이 필요하듯이 새로운 채널을 통한 학습이 자연스러워지려면 그만큼 알리는 활동이 필요하다. 비씨카드의 경우에도 가장 많은 학습을 한 직원의 경우는 6개월간 약 100시간, 즉 월간 16시간 정도를 꾸준히 학습하고 있다. 그러나 일반적으로는 필수과정 수료자를 제외하면 35%의 직원만이 스마트러닝을 제대로 활용한 학습을 진행하고 있다.

이런 부분의 활성화를 위해서 학습 장려 및 지식 공유 이벤트를 실시하는 등 다양한 활동들도 병행하고 있지만, 결국 중요한 것은 직원들이 원하는 콘텐츠, 시장의 트렌드를 반영한 최신의 콘텐츠, 본인의 직무와 유관하여 실제적 성과창출에 도움을 줄 수 있는 콘텐츠를 어떻게 공급할 것인가가 가장 중요한 부분일 것이다.

비씨카드의 스마트러닝은 다양한 기성 교육 콘텐츠를 직원들이 학습할 수 있도록 지원하는 데서 한 발 더 나아가 직원들의 니즈가 많은 강의를 직원들이 직접 쉽게 개발하고 공유할 수 있는 방법도 고민하고 있다. 또 온라인 강의뿐 아니라 집합 교육을 포함한 회사의 모든 교육에 대해 자료 및 의견 교환 등 상호작용을 통해 임직원간 지식 공유를 쉽게 할 수 있는 방법을 찾고자 한다. PC기반에서 모바일 중심으로 매체가 바뀌면서 블로그, 페이스북 등 SNS의 커뮤니케이션 양, 빈도, 사용 콘텐츠(사진, 음원, 동영상, 링크)가 많아지고 다양해진 것처럼 기존 오프라인 및 PC기반에서의 CoP(Communities of Practice)를 지원하기 위한 여러 기능들이 활성화되지 못하고 실패한 것과 달리 모바일을 중심으로 한 지식공유, 학습조직 지원은 또 다른 모습을 보여줄 수 있기 때문이다.

이와 같이 비씨카드는 스마트러닝을 별도의 교육 프로그램 중에 하나가 아닌 '학습자 중심의 자기주도적 학습'을 지원하기 위한 플랫폼으로서 활용하여 직원들의 실제적인 역량향상과 성과 창출을 지원할 수 있도록 추진해 나아갈 예정이다.

BGF리테일:
역량증진과 소통

스마트러닝이 바람직하게 성장하려면 직원들이 자기주도 학습의 '즐거움을 느낄 수 있도록' 수강 시간에 대한 보호와 자율성, 선택권이 존중되어야 한다. 근무 시간 외의 시간에만 학습해야 하는 강제성이 부여되어서는 안 되며, 수강 과목이나 시점 등에 대해서도 자율적으로 선택하고 관리하도록 할 때 직원 개인의 발전과 역량 강화를 위한 활용을 기대할 수 있다는 것이다. BGF리테일은 이런 측면에서 스마트러닝 도입을 통해 자기주도학습 문화를 정착시키고, 집합교육과의 접목을 통해 교육효과를 극대화한 대표적인 사례이다.

직원역량 강화는 물론 소통 효과도 톡톡

2012년 처음 스마트러닝 기업교육을 도입한 BGF리테일은 스마트러닝을 통해 직원역량 강화와 노사간의 원활한 소통이라는 두 마리 목표를 모두 달성했다. 스마트러닝 수강률을 높이기 위해서 지속적인 수강 독려와 자사의 특성이 반영된 교육과정 개발, 집합교육과의 접목 등 교육효과 극대화를 위한 다양한 장치를 마련했다. 또 스마트러닝 어플의 기업전용 카테고리를 활용해, 회사의 중요하고 긴박한 정책이나 이슈 사항에 대해 직원들에게 빠르게 전달하는 소통의 창구 역할은 물론 자사교육 콘텐츠를 통한 직원교육도 운영하고 있다.

BGF리테일은 프랜차이즈업의 특성상 직원들이 전국 각지에 흩어져 있다. 현장에서 활동하는 직원들이 많다 보니 이들을 교육하는 데 집합교육의 한계가 있었다. 더불어 다양한 교육콘텐츠에 대한 직원들의 니즈가 높았다. 이 시기에 스마트러닝을 접하게 됐고, 2012년 전사적으로 스마트러닝을 도입했다. 전 직원들에 그치지 않고 함께 일하는 관계사 간부 이상 직원들에게도 아이디를 부여해 스마트러닝을 독려했다.

회사 자체적으로 교육 콘텐츠를 제작해 추가할 수 있다는 것도 스마트러닝의 큰 강점이다. BGF리테일 조규천 과장은 "도입 초기에 직무 교육 관련해서 전 교육과정을 캠코더로 찍었던 기억이 난다. 당시 전문적인 기술이 있지 않았기 때문에 촬영 후 사용할 수 없게 되어 다시 찍기도 했다. 촬영분은 스마트러닝에 업로드해 사용했다"면서 "교육 수강 후에도 스마트러닝으로 복습할 기회를 주기 위해 준비했었는데, 이 자료들이 예습과 복습 용도로 활용되는 것을 보고 뿌듯했던 기억이 있다"고 덧붙였다.

실무 위주의 집합교육에 스마트러닝을 접목시켜 교육효과를 극대화하기도 했다. 현장 직원들은 오프라인 집합교육에 입과하기 전 BGF리테일이 자체적으로 제작한 스마트러닝 콘텐츠로 사전 학습을 해야 한다. 이를 통해 교육에 대해 막연한 생각을 갖고 참여했던 과거에 비해 교육의 효과가 높아졌다는 평을 받고 있다.

BGF리테일은 직원들의 연령대가 낮은 편이다. 이에 스마트러닝에 대한 부담감을 표출하는 직원은 거의 없었다. 반대로 활용하기 편하다는 반응이 높았다. 개인 PC나 태블릿 PC, 스마트폰 모두 사용이 가능하다 보니 특히 출퇴근시 이용할 수 있어서 좋았다고 말하는 직원들이 많았다. 특히 현장에서 활동하는 SC(Store Consultant)나 SP(Store Planner) 등의 직원들에게 긍정적인 반응이 높았다. 교육 수강에 시·공간적 제약이 높은 직무 특성상 이를 해결할 수 있는 스마트러닝 과정이 더 효율적으로 다가온 듯하다. 도입 초기에 직원들이 가장 많이 수강한 과정은 '자기계발 과정'이었다. 그 외에 시간 관리, 코칭, 커뮤니케이션, 소통 등의 과정도 인기가 높다. 전문적인 이론을 다루는 과정들보다 이해가 쉽고, 직장 생활과 개인생활에 바로 적용이 가능한 내용들이기 때문으로 풀이하고 있다.

스마트러닝 도입 초기 '사용 경험' 유도

모든 일에 장단점이 존재하듯, 스마트러닝 교육과정 운영에도 단점은 있다. 자기주도 학습이 가능한 수강 형태의 특성상, 학습의지가 부족한 경우 스마트러닝 활용 빈도가 낮을 수 있다는 것이다. 이에 대비해서는 교육담당자의 지속적인 독려와 동기부여가 상당히 중요하다.

BGF리테일은 이를 대비해 도입 초기에 전 직원이 수강해야 하는 '성희롱 예방교육'을 스마트러닝으로 진행했다. 스마트러닝에 대한 직원들의 이해를 높여줌과 동시에 사용 경험을 부여하기 위한 것이었다. 이후에도 정기적으로 스마트러닝 이벤트를 통해 동기부여를 하고 있고, 매월 문자 메시지 1회와 신규 과정 소개를 통해 지속적으로 직원들의 수강을 독려하고 있다.

BGF리테일 교육담당 과장은 "스마트러닝 도입의 가장 큰 성과는 직원들이 스스로 공부하는 면학 분위기가 조성된 것이다. 바쁜 일상 가운데서도 매일 꾸준히 30분 이상 학습하는 직원들도 상당하다"면서 "더불어 회사의 정책이나 이슈에 대해 전사적으로 교육을 실시했던 부분이 가장 큰 성과였다"라고 말했다.

새로운 기업교육 패러다임을 고민하는 기업교육 담당자에게 주저 않고 '스마트러닝'을 추천한다는 교육담당 과장은 "스마트러닝 기업 교육은 다양한 강점을 갖고 있기 때문에 도입 초기 교육담당자가 직원들의 참여를 이끌기 위한 지원 방안을 적극적으로 운영하고 관리한다면 성공적으로 정착시킬 수 있다"고 덧붙였다.

"「종의 기원」"을 쓴 찰스 다윈은 살아남는 것은 가장 강한 것도 아니고 가장 영리한 것도 아니라, 변화에 가장 잘 적응한 것이라고 했다. 우리는 바닷바람의 방향을 마음대로 정하거나 바꿀 수 없다. 다만 '항해의 방향을 바람에 맞춰 나갈 뿐이다'라는 속담이 떠오른다. 스마트러닝이라는 피할 수 없는 트렌드에 어떻게 적응해나가느냐가 인재경영의 HRD 수준을 가늠하게 될 것으로 본다"고 조언했다.

신세계조선호텔:
다채롭고 익숙한

올해 10월 창립 100주년을 맞이하는 신세계조선호텔은 누구나 알고 있듯이 역사와 브랜드를 자랑하는 국내 최고 호텔 중의 하나이다. 그런데 이러한 역사와 브랜드가 어느 날 갑자기 생성된 것은 아니다. 오랜 기간 동안 많은 분야에서의 피나는 노력이 종합적으로 어우러져 형성된 것이다. 그 중의 하나, 임직원들의 교육훈련에 대한 꾸준한 투자도 분명 하나의 요인이라고 할 수 있다. 호텔업의 특성상이기도 하지만, 하나의 기업 문화로서 학습이 이미 신세계조선호텔에 자리잡고 있었던 것이 사실이다.

신세계조선호텔은 현재 2년째 스마트러닝을 도입하여 운영하고 있다. 그런데 이러닝을 병행하여 운영하고 있지는 않다. 이 말의 의미는 2년 전 스마트러닝을 도입할 때 기존의 이러닝을 스마트러닝으로 전면 전환했다는 것을 의미한다. 큰 위험을 감수한 것 같은데 사실은 위험이 없었으며 또 다른 이유가 있었다.

스마트러닝의 확장성에 주목

스마트러닝을 그저 스마트폰을 통한 학습으로 이해한다면 곤란하다. 기존의 웹 베이스러닝(Web-Based Learning)을 배제하는 개념이라면 진정한 의미에서의 스마트러닝이라고 할 수 없다. 웹 베이스러닝마저 포함할 수 있어야 똑똑한 스마트러닝이 될 수 있다. 스마트러닝에서의 스마트가 스마트폰만을 의미하는 것이 아니라 말 그대로 똑똑한 것을 의미하기 때문이다. 이런 의미에서 신세계조선호텔에서 도입 적용한 것은 웹 베이스러닝을 포괄하면서도 스마트기기에서도 학습이 가능한, 말 그대로의 똑똑한 스마트러닝인 것이다.

PC를 통해 학습할 수 있는 환경 조성이 되어 있지 않은 현장직 근무자의 경우 이러닝 학습 참여는 사실 매우 낮았으며, 또한 점차적으로 낮아지고 있었다. 이러한 상황에서 자기주도 학습을 견지하면서도 학습 참여도를 높일 수 있는 방안으로 웹과 스마트기기 모두에서 학습이 가능한 스마트러닝이 제격이라는 판단하에 스마트러닝을 도입하게 되었다.

블렌디드러닝 과정으로 운영

스마트러닝을 도입할 즈음에 직원들의 적극적인 활용을 예상했다. 그러나 현실은 예상과 판이했다. 초기에는 스마트러닝 앱 설치가 생각보다 많이 이루어지지 않았다. 이에 앱 설치를 유도하기 위한 다양한 이벤트 실시와 활용 방안을 고민하게 되었다.

이벤트 실시 방안으로는 '나는야 학습왕' 이벤트와 '얼리 버드 학습자' 이벤트를 들 수 있다. 특정 기간을 정해서 가장 많은 학습량을 보인, 또는 가장 빨리 과정을 수료한 임직원에 대해서 소정의 상품을 지급한 이벤트였다. 소정의 상품을 내걸고 학습을 독려하는 것이 교육 목적에는 다소 어긋나 보일 수도 있으나, 그래도 이로 인해 임직원들의 관심과 참여를 어느 정도 불러일으킬 수 있었다는 결과에 대해서는 만족했다.

학습자의 관심과 자기주도적인 참여를 유도하기
위한 '나는야 학습왕' 포스터

스마트러닝의 활용도를 높이기 위한 측면에서는 블렌디드러닝 과정으로 운영한 것을 들 수 있다. 집합교육 참가 대상자들에게 사전 교육의 일환으로 특정 스마트러닝 과정을 선정하여 입과 전 학습을 독려했다. 사전 선수 학습을 스마트러닝으로 실시하게 함으로써 다양한 교육 방식에의 유연한 적용을 시도해 본 것이다. 학습자들의 반응을 파악해 본 결과 대부분의 학습자들로부터 만족스러웠다는 반응을 받았다.

자기주도학습과 학점이수제의 접목

스마트러닝을 도입하는 과정에서 공급자 중심이 아닌 학습자 중심의 시각을 유지하려고 노력했다. 학습자의 입장에서 관심이 있을 만한 주제의 콘텐츠를 제공하고, 학습자들이 자발적으로 학습할 수 있는 분위기를 형성하는 데 많은 시간을 할애한 것이다.

먼저 자체 콘텐츠의 활용 측면이다. 스마트러닝 오픈과 동시에, 그리고 지금까지도 많은 콘텐츠 중 가장 많은 히트 수를 자랑하는 콘텐츠가 있다. 바로 '성영목의 모닝커피' 콘텐츠이다. 스마트러닝 도입 이전에 성영목 대표이사가 인트라넷 게시판에 주기적으로 올리던 글을 스마트러닝 콘텐츠화한 것이다. PC가 없는 현장 근무자들도 이제는 스마트러닝을 통해 대표이사의 글을 상시로 확인 가능하게 된 것이다.

과거에 PC에서만 가능했던 '성영목의 모닝커피'는 이제 스마트러닝을 통하여 직원 인성 교육 및 정보 공유의 장, 더 나아가서는 소통의 공간으로 적극 활용되고 있다. 현재도 매월 학습순위에서 항상 상위에 랭크되고 있다.

또 하나 들 수 있는 자체 콘텐츠로는 어학 과정의 운영을 들 수 있다. 호텔에서 웬 어학 과정을 개발하였을까 하고 의아해 할 수도 있다. 그러나 엄연한 사실이다. 자사의 사내 강사를 활용하여 자사 임직원을 대상으로 서비스하기 위한 어학 콘텐츠를 자체 개발했다. 그 과정은 바로 중국 관광객(요우커)을 대상으로 하는 중국어 과정이다.

최근 관광산업의 중요 고객으로 급부상하여 굳건히 자리잡은 고객은 예상하였듯이 중국 관광객(요우커)이다. 요우커의 급속한 증가로 인해 현장 판매 서비스 직군의 중국어 능력은 지속적으로 강조되고 있었다. 이에 중국어에 능통한 직원을 통해 요우커 대상의 판매에 필요한 중국어 기초 강의 과정을 제작하였다. 물론 임직원 누구나 스마트러닝을 통하여 이 중국어 기초 과정을 학습할 수 있다. 사내 상황을 그 누구보다 잘 알고 있는 임직원에 의한 강의이고 또 실제로 현장에서 꼭 필요한 내용을 담은 과정이기에 임직원들의 반응은 가히 놀라울 정도였다.

이상과 같은 자체 콘텐츠에 대한 수요는 강제하지 않아도 임직원들로부터 많은 호응을 받고 있다. 기본적으로 스마트러닝이 자기주도학습 체제인 것을 감안할 때 콘텐츠의 중요성을 다시 한번 실감하게 해주는 대목이다.

임직원들이 자발적으로 학습할 수 있는 분위기를 형성하도록 하기 위해서 기본적으로 법정 의무과정 이외에 따로 필수과정과 같은 강제 입과 제도를 운영하지 않았다. 스마트러닝의 최대 장점인 자기주도학습을 지향했기 때문이다. 다만 스마트러닝 도입 이전부터 있었던 학점이수제는 유지하였다. 조직의 학습문화 형성과 실질적인 워크플레이스 러닝(Workplace Learning) 차원에서 학점이수제는 긍정적으로 작용하고 있다는 판단에서였다.

결국 임직원들이 자기주도적으로 학습하는 것이 가능하도록 유도하는 제도적 뒷받침하에서 양질의 콘텐츠를 제공한 것이 신세계조선호텔 스마트러닝의 핵심 축이라 할 수 있다.

이제는 보편화된 스마트러닝

9월 현재 시점에서 전 임직원의 64%가 스마트러닝을 활용하고 있다. 스마트러닝 도입 초기에 앱 설치량이 기대치에 미치지 못해 고민했던 것에 비하면 놀라운 성장이다. 이제는 스마트러닝이 가히 보편화된 학습으로 자리잡았다고 볼 수 있다.

모든 산업에 계절적 변동이 있듯이 호텔업에도 성수기와 비수기가 있다. 아무래도 성수기에는 업무가 바쁘다 보니 학습률이 다소 떨어지는 것으로 나타났으며, 비수기에는 자기계발에 많은 시간을 투자하는 것을 알 수 있었다. 자칫하면 나태해지기 쉬운 학습 고유의 속성을 감안해 볼 때 비수기에 학습률이 높아졌다는 것은 고무적인 일이라 생각한다.

학습 분야에 있어서 호텔업의 특성에 맞게 어학이 27%로서 가장 높은 비중을 차지한 것으로 나타났다. 그리고 스마트러닝의 도입 취지에 걸맞게 모바일기기를 활용한 학습 비율이 71%로서 웹을 통한 학습 비율인 29%보다 월등히 높았다. 학습시간대로는 일과시간 외 학습이 66%로서 일과시간 내 학습 비율인 34%의 거의 두 배에 가깝게 나왔다. 이는 주로 출퇴근 시간의 활용에 기인한 것으로서 임직원 개인들의 자투리 시간을 활용한 자기계발에 크게 공헌하고 있음을 나타낸다고 할 수 있다.

이러한 만족스러운 학습 결과에 대한 원인을 찾는다면 아무래도 최고 경영진의 적극적인 관심과 참여가 우선적으로 작용한 것 같다. 최고경영진이 몸소 지속적으로 콘텐츠를 생산, 제공하며, 스마트러닝에 대한 관심을 표명한 것이 높은 학습 결과에 큰 영향을 미친 것이다.

다음의 요인으로는 스마트러닝의 다양한 특징 중에서도 자기주도학습을 지향하는 스마트러닝을 도입한 초기의 도입 취지가 주효했던 것으로 생각한다. 학습자들의 학습 편의성 증대, 학습 채널의 다양화, 학습에 대한 관심 유도 등이 모두 종국에는 자기주도 학습을 강화하는 데 일조했다고 볼 수 있다.

다채로움을 넘어 자연스러움으로

지금까지 설명한 신세계조선호텔 스마트러닝의 특징을 단 한마디의 단어로 표현하라고 하면 '다채로움'으로 표현하고 싶다.

다채로움이라 함은 스마트러닝이 지니는 속성 중의 하나인 유연한 확장성을 십분 활용하는 것을 의미한다. 다양한 양질의 콘텐츠, 소통의 장으로서의 스마트러닝, 타 교육방법과의 적극적 연계, 자기주도학습과 학점이수제의 공존, 새로운 이벤트와 신규 과정 업데이트 등을 포괄한다.

그러나 스마트러닝이 그저 다채로움에 그쳐서는 안 된다. 다채로움을 간직하면서도 자연스러움을 갖추어야 한다. 여기서 자연스러움이라 함은 스마트러닝이 하나의 기업 문화로 굳건히 자리잡는 것을 의미한다. 업무를 수행하는 과정에서 궁금한 것이 나오면 바로 검색해서 짧게 학습하고 학습한 내용을 실제 업무에 바로 적용하는 것이 몸에 배어 있는 문화, 누가 시키지 않아도 자신의 자기계발을 위해 자투리 시간을 할애하여 적극적으로 학습하는 문화, 학습 활동이 즐거운 분위기, 그리고 궁극적으로는 학습을 통한 개인의 성장이 조직 성장의 밑거름이 될 수 있는 상태에까지 되는 것을 말한다. 그야말로 학습이 체화되어 있는 상태이다.

이미 과거로부터 이어져 오는 학습 문화가 어느 정도 형성되어 있기에 자연스러운 스마트러닝이 불가능해 보이지는 않아 보인다. 그러나 좀 더 빨리, 좀 더 굳건하게 자리잡을 수 있도록 하기 위한 방안 마련에 고민 중이다.

다채로움을 넘어 자연스러운 스마트러닝으로 자리잡는다면, 이미 국내에서는 최고의 브랜드로 자리잡은 신세계조선호텔이

세계에서 역사와 브랜드를 자랑하는 호텔 기업으로 발돋움하는
데 일조할 수 있을 것으로 확신한다.

LG생활건강:
레몬처럼 상큼한

아름다움과 깨끗함. LG생활건강하면 떠오르는 단어이다. 국내외 소비자들에게 사랑 받는 오휘, 후 등의 많은 화장품 브랜드를 보유하고 있기 때문에 아름다움이 연상된다. 깨끗함은 엘라스틴, 페리오 등의 생활용품 브랜드와 관련되어 있다.

그런데 아름다움과 깨끗함 외에 상큼함이라는 단어가 LG생활건강하면 떠오르는 새로운 단어로 자리잡았다. 그 이유가 무엇일까 자세히 들여다 본다.

LG생활건강은 화장품과 생활용품 등의 소비재를 생산 판매하는 대기업이다. 최근에는 사업 확장에 따라 유통 채널이 다양화되고 있는 중이다. 따라서 교육 관점에서 보았을 때는 학습이 필요한 대상자 수 및 유형이 대폭 증가하는 현상에 대한 대응 및 많은 신제품 정보의 신속한 제공, 전국 각지의 매장에서 발생하는 베스트 프랙티스의 신속한 공유 및 전파 등의 필요성이 뒤따른다.

그러나 전국적으로 분포되어 있는 사업장 특성상 집합교육으로 해결하기에는 물리적, 시간적, 비용적 이슈 등 현실적 난제들이 많은 것이 사실이었다. 이를 해결하기 위한 목적으로 LG생활건강은 스마트러닝을 전격적으로 도입한다.

LG생활건강은 스마트러닝을 도입하는 과정에서 많은 검토를 거친 결과 구축비, 유지관리비, 많은 기능 구현의 어려움 등의 이유로 자체 구축보다는 외부 스마트러닝 전문 기업의 솔루션 활용을 선택했다.

그러나 콘텐츠만은 외부 콘텐츠 사용 대신에 내부의 자체 콘텐

학습센터 내에서 전국 각지의 베스트 프랙티스를 콘텐츠로 제작하여 신속히 스마트러닝으로 공유한다.

츠를 활용했다. 자체 사내 강사 및 전문가들에 의해 제공되는 유효한 정보와 자료들을 학습센터 내에 구축된 영상 전문 스튜디오에서 직접 기획, 제작, 편집, 공유하는 방식을 선택했다.

필요한 내용을 편하게 학습할 수 있도록 세심하게 기획

스마트러닝 도입 초기에는 현장 판매사원들이 가장 필요로 하는 콘텐츠를 제공하는 것을 제1차 목표로 삼았다. 이러한 콘텐츠에는 신제품 정보, 판매현장의 아침교실을 위한 자료, 영업 관련 다양한 스킬 정보 등이 포함되어 있다. 영업관련 스킬이라 함은 화장품, 생활용품 제품의 판매 노하우와 고객을 위한 서비스 스킬, 고객응대 팁 등을 말한다.

그러나 궁극적으로는 사업성과 창출을 위해 필요한 주요 이슈(제품, 정책, 트렌드, 성공사례 등)를 빠르게 스마트러닝 콘텐츠로 제작, 전파하는 등 스마트러닝이라는 새로운 러닝 솔루션을 활용하여 학습자들이 필요한 교육내용을 수시로 반복, 학습하고 현업에 활용함으로써 일하면서 배우는 교육 환경을 구축하고 교육과 업무 성과의 관계성을 강화하는 것을 목표로 하였다.

이 과정에서 LG생활건강 고유의 스마트러닝 브랜드를 단순히 'LG생활건강 스마트러닝'이라는 표현 대신 '엘-레몬(L-LEMON)'으로 정했다. L-LEMON은 'LG - Learn Easily, Make Our kNowhow'의 앞 글자만 딴 이름이다. 기존의 오프라인, 지식전달 성격의 딱딱한 학습을 탈피하고 쉽게 배워서 서로의 노하우를 만들어 나가자는 LG생활건강의 스마트러닝을 의미한다.

앱 아이콘 및 로딩 화면, 웹페이지 초기화면도 모두 레몬 이미지를 활용했다. 학습자들은 엘-레몬 스마트러닝을 시작하기에 앞서 샛노란 레몬을 보게 되고, 그 의미를 곱씹어보게 되고, 학습에 대한 마음가짐을 다잡게 된다. 상큼한 기분으로 스마트러닝을 시작할 수 있다.

앱을 구동했을 때는 채널별로 차별화된 앱과 현장 판매사원의 영업에 꼭 도움이 되는 콘텐츠들이 나타난다. 꼭 나만을 위한 스마트러닝 솔루션이며 콘텐츠인 듯한 편안한 느낌이 든다. 더 나아가서는 누가 강요하지 않았는데도 스스로 학습하고자 하는 마음이 절로 난다.

엘-레몬 스마트러닝 학습 대상자는 약 15,000여 명이다. 이 15,000여 명의 학습자는 다양한 채널별 영업사원과 현장 판매사원으로 구성되어 있다. 채널별로 판매 제품이나 영업 특성이 상이하고 학습자의 니즈 또한 다양했기에 각 채널별 어플에 제공되는 콘텐츠와 콘텐츠 카테고리를 차별화해서 운영한 것이다. 그래서 꼭 나만을 위한 스마트러닝 솔루션이란 느낌이 드는 것이다.

학습센터에서는 영업/판매사원들의 의견을 최대한 반영하여 영업 활동에 직접적으로 도움을 주는 교육 콘텐츠를 기획하고 제작하여 서비스하고 있다. 이 과정에서 각 채널간 중복 개발을 방지하고 채널간 시너지를 창출하기 위해서 통합 콘텐츠 라이브러리를 구축하기도 했다. 그래서 꼭 나에게 필요한 콘텐츠라는 느낌이 드는 것이다.

이러한 엘-레몬을 학습자에게 오픈하면서 학습자의 관심 유도 및 적극적 참여를 위해 다양한 홍보 방안을 온라인/모바일 및 오프라인 차원에서 동시에 적용했다.

온라인/모바일 홍보 수단으로는 학습자 개인별 문자발송, 사내의 각 영업정보 사이트에 엘-레몬 스마트러닝의 내용 및 활용법을 게시하고 영업 시스템을 통한 알림 공지, 이메일 수시 공지를 통한 시스템 오픈 안내 및 홍보를 활용했다. 이 이외에도 QR 코드를 연결한 홍보 영상 제작/배포, 사용법 매뉴얼 제작/배포, 어플 내 푸시 알림 기능 등 매우 다양한 방법을 적용했다.

오프라인 차원에서 적용한 홍보 수단으로는 포스터 및 리플렛 제작/배포, 홍보 동영상 상영, 매월 발행되는 프로모션 DM지에의 내용 게재 등을 들 수 있다. 아울러 전국적으로 산재해 있는 채널별, 지역별 학습자를 대상으로 엘-레몬 스마트러닝 설명회를 실시하였으며, 집합교육이 이루어지는 곳에서는 엘-레몬 스마트러닝을 안내하기도 했다.

그리고 실제 학습자들의 적극적인 참여를 유도하기 위한 목적으로 다양한 이벤트를 실시하였다. 가장 많은 학습 활동을 보인 학습자, 가장 적극적으로 참여하는 조직 등에 대해 소정의 기프티콘이나 문화상품권 등을 제공하였다.

이렇게 매우 다양한 홍보 및 이벤트를 실시한 이유는 아무리 좋은 스마트러닝이라 할지라도 임직원의 적극적인 참여 없이는 의미가 없어지는 것을 익히 알고 있었기 때문이다.

엘-레몬 스마트러닝을 통해서 다양한 고객접점 활동과 관련된 콘텐츠를 수시로 제공한 결과 성과에 연계되는 현장활동 지수가 개선되었다고 한다. 스마트러닝을 전격 도입한 소기의 목적을 어느 정도 달성한 것이다.

그러나 LG생활건강은 이러한 단기적인 성과에 만족하지 않고 엘-레몬 스마트러닝을 통해 현장 학습 효과 증대를 위한 학습 생태계 구축을 계획하고 있다. 즉 학습자간 쌍방향 커뮤니케이션이 가능하도록 하여 조직 내 집단지성이 발휘되는 환경을 조성할 계획이라고 한다. 레몬처럼 상큼한 엘-레몬의 향후 모습이 사뭇 기대된다.

SC은행:
두 마리 토끼를 잡다

스탠다드차타드은행(이하 SC은행)은 이러닝과 모바일러닝을 병행해서 실시하고 있다. 이러닝에 대해서는 특별히 '성과향상 이러닝'이라는 이름으로 운영하고 있다. 기존의 웹 기반 서비스로만 가능했던 것과 동일하다. 모바일러닝은 말 그대로 모바일 앱을 기반으로 한다.

성과향상 이러닝에는 과제 및 시험 등이 동반된 과정으로서 보다 구조화되고, 상대적으로 긴 학습시간을 가진 과정들이 포진되어 있다. 성과향상 이러닝은 일정한 선정기준을 충족한 행원만을 대상으로 실시한다.

모바일러닝에는 시험 및 과제는 없는 10분 내외(최대 20분) 가량의 러닝 타임을 가진 과정들이 포진되어 있다. SC은행 행원이면 누구나 신청하여 학습이 가능하다.

작게 시작한 스마트러닝

SC은행은 2013년에는 웹 기반의 성과 향상 이러닝과 모바일러 닝을 각각 별도로 계약하여 외부위탁 운영하였다. 그러나 2014년 에는 성과향상 이러닝과 모바일러닝을 통합 운영하기 시작했다. 교육 콘텐츠가 웹과 모바일간에 상호 호환되도록 한 것이다. 즉, 동일한 과정에 대해 두 개의 채널을 통한 학습이 가능한 체계로 운영하고 있다. 통합 운영은 결국 최근에 핫 이슈가 되고 있는 스 마트러닝의 강점을 최대한 활용하고자 한 것이다. 부수적으로 스 마트러닝 활용 과정에서의 효율성도 물론 고려되었다.

이러닝과 모바일러닝의 통합 운영, 즉 스마트러닝을 통하여 행 원들이 언제든지 연수가 가능할 수 있도록 지원하여 연수의 효율 성을 높이고, 연수 운영 부서에서는 업무 효율성을 높여 시너지 효과를 내고자 한 것이 SC은행 스마트러닝의 특징이다.

크게 자리잡은 스마트러닝

이런 제도적 변화를 통해 나타난 현상으로는 학습 대상자의 대 폭적인 증가이다. 2013년에는 성과향상 이러닝 연수자와 모바일 러닝 연수자 수가 약 1,000명이었으나 현재는 모든 행원들이 그 대상인 것이다.

또 하나의 특징은 이러닝으로만 실시하던 성과향상 과정을 모바일러닝에도 적용했다는 점이다.

　이제는 특별한 선정 과정 없이도 누구나 학습의지가 있는 행원이라면 성과향상 과정을 모바일로 학습할 수 있다. 이러닝 기준으로 성과향상 과정을 신청하고 학습한 경우에도 모바일 앱과 연동이 됨으로써(반대의 경우도 동일) 행원들의 학습 편의성은 매우 높아졌다.

스마트러닝 성공 요인

　스마트러닝 도입과정을 전반적으로 기획하고 실행한 SC은행 인사전략&개발부의 교육담당자는 최근 행원들로부터 연이은 칭찬을 듣고서 마냥 즐겁다.

　"기존에는 이러닝으로만 가능했던 성과향상 과정을 스마트폰으로도 학습할 수 있어 너무 편리합니다."

　"출퇴근 시간을 자기계발의 시간으로 돌릴 수 있게 해준 인사전략&개발부에 고맙다는 말씀을 드립니다."

　"별도의 승인절차 없이 제가 학습하고 싶은 것을 꼭 필요할 때 학습할 수 있게 해준 것은 엄청난 프로세스 혁신입니다."

　"모바일러닝으로 제공하는 콘텐츠 분야가 광범위해서 필요로 하는 콘텐츠는 거의 다 있는 것 같습니다. 이 많은 콘텐츠를 확충하느라 고생 많으셨겠습니다."

지식경영과의 연계

아울러 교육담당자를 더욱 즐겁게 하는 현상이 하나 더 발생했다. SC은행에는 위닝 라이브러리(Winning Library)라는 게시판을 활용해 지식경영을 추진하고 있었다. 위닝 라이브러리는 행원들에게 다양한 유형의 정보를 제공하고, 행원들간의 지식 공유를 촉진하는 장으로서의 역할을 담당하고 있었다.

그런데 2014년에 도입한 통합 스마트러닝 솔루션에 위닝 라이브러리 게시판 기능을 추가하여 전 행원의 학습과 지식경영을 접목시켰다. 기존에 학습 따로, 지식경영 따로 이루어지던 것이 스마트러닝을 통해 하나의 공간에서 모두 가능해진 것이다. 이러한 활동은 행내에서 공급자 관점의 서비스가 아니라 최종 수요자 관점의 서비스였다는 호평을 받고 있다.

스마트러닝 도입을 통해 이러닝과 모바일러닝의 두 마리 토끼를 잡은 것이 아니라, 알고 보니 지식경영까지 합하면 세 마리 토끼를 잡은 격이다.

▼Enjoy Data & Story Ⅲ, 2015

아워홈:
스스로 일터에서 바로 학습

아워홈은 국내 위탁급식시장 점유율 1위의 푸드 서비스 회사다. 현재는 식품제조, 외식, 식자재, 글로벌 유통 등 종합요리식품회사로 자리매김하고 있다. 이 과정에서 신 식문화 창출과 과학적이고 위생적인 식품연구개발 및 고객 중심의 서비스 전개를 위해 전문성과 창의력을 갖춘 우수 인재육성 등에 힘쓰고 있다. 최근 도입하여 적극적으로 활용하고 있는 스마트러닝은 일터학습, 적시학습, 자기주도학습을 기본으로 하면서 결국에는 전문성과 창의력을 갖춘 인재육성 차원의 목적과 결부되어 있다.

'포근함', 아워홈 하면 떠오르는 단어다. 회사의 정체성을 나타내는 회사명 자체가 포근한 느낌을 준다. 아워홈 인재육성팀으로부터 스마트러닝에 대해서 자세한 이야기를 듣고 나서 다시 한번 아워홈의 따뜻한 이미지를 느낄 수 있었다. 처음 도입 적용하는 것이기에 다소 생소하다고 느낄 수 있는 스마트러닝을 임직원들이 편안하게 느낄 수 있도록 보이지 않는 곳에서 섬세하게 기획하고 운영한 활동들이 모두 따뜻함이라는 추상명사로 압축될 수 있다. 그 따뜻한 기운이 느껴지도록 한 실제 내용을 자세히 들여다보자.

일터학습 강화를 위해 스마트러닝 도입

아워홈에서는 현장직원 중심의 교육 필요성이 꾸준히 제기되고 있었다. 아워홈의 업종 특성상 현장직원의 비중이 높기도 하지만 현장직원의 역량 향상이 아워홈 서비스 품질을 결정짓는 중요한 요인이기도 했다. 이러한 이유로 인해 과거의 교육 형태인 독서통신 교육 비중이 높았으며, 현장직원들의 호응과 반응도 좋았다.

이러한 상황 속에서 아워홈은 현장직원들의 일터학습(Workplace Learning) 문화를 더욱 강화하려는 방편으로 스마트러닝 도입을 검토하기 시작했다. 업무를 수행하는 과정에서 자신에게 필요한 내용을 바로 학습할 수 있고, 학습한 내용을 바로 업무에 적용하는 것이 가능한 스마트러닝을 기획했다. 즉, '일터학습'과 '적시학습'을 기본 방향으로 한 것이다.

자기주도학습 지향의 스마트러닝은 아워홈의 혁신 콘셉트와도 맞아 떨어져

스마트러닝을 검토하기 시작한 것이 단지 교육 담당자의 머리에서 나온 것은 아니다. 이미 임직원으로부터 많은 문의전화가 있었으며 사내에 스마트러닝에 대한 기대감은 어느 정도 조성되어 있었다고 한다.

이런 분위기에서 스마트러닝을 본격적으로 도입하게 된 것은 아워홈 고유의 혁신 문화와도 맞아떨어진 것이다. 즉, 전 직원을 대상으로 스마트러닝을 도입하되 과거의 통제 중심의 학습이 아니라, 임직원의 자기주도 학습을 지향했다. 스스로의 필요로 학습할 때 학습 효과가 가장 높을 것이라는 가정하에 자기주도학습이 가능하도록 스마트러닝을 기획했다.

외부위탁교육에 자체 기획 콘텐츠를 조화롭게 융합시키다

앞서 말한 일터학습, 적시학습, 자기주도학습이 가능한 스마트러닝을 도입하기 위해서 내부 구축과 외부 위탁을 면밀히 비교 검토했다. 그 결과 외부의 전문 교육기관에 위탁하는 것이 비용 대비 효과적이라는 결론을 내리고 스마트러닝 전문회사인 ㈜인더스트리미디어의 유밥(ubob) 스마트러닝을 도입했다.

그러나 외부위탁 교육 형식을 취했다 할지라도 기본적으로 아워홈의 특성을 반영하는 활동을 빠뜨리지 않았다. 외부위탁교육의 장점을 살리면서도 자사의 문화와 특성을 융합시킨 것이다.

예를 들면 아워홈에서 자체적으로 가지고 있던 동영상 콘텐츠를 스마트러닝에 맞도록 변환 탑재하여 운영하고 있다. 이를 위해 아워홈이라는 새로운 콘텐츠 카테고리를 생성하였으며, 아워홈 하위 카테고리에 아워홈 뉴스, 특정 사업부를 위한 카테고리, 윤리규범 카테고리를 생성하였다. 아워홈 뉴스를 자세히 살펴보면 혁신활동 경진대회 스케치 영상, 아워홈 합창단 특별공연 영상, 분기별 아워홈 뉴스 등이 탑재되어 전 직원에게 서비스되고 있는 것을 목격할 수 있다. 윤리규범 카테고리에는 '건강한 먹거리를 위한 바른길 아워홈 윤리규범'이라는 과정을 탑재하여 임직원이 자율적으로 학습할 수 있는 여건을 마련했다. 앞서 언급했던 자기주도학습 목적 차원에서이다.

그러나 모든 학습을 자기주도 학습으로만 가져간 것은 아니다. 예를 들어, 승진자 대상 교육에 블렌디드러닝 방식을 도입하면서 스마트러닝을 활용했다. 즉, 승진자 대상의 집체교육 시행 전에 스마트러닝으로 특정 필수 과정을 선수 학습하도록 했으며, 선수학습 결과를 평가하기 위해 오프라인상에서 시험을 치르기도 했다.

이처럼 임직원의 자기주도 학습을 기본으로 하면서도 필요와 상황에 따라서는 필수과정 지정 등 운용의 묘를 살려 나갔다. 어느 방식이든 학습 효과의 극대화가 중요한 잣대 역할을 한 것이다.

뜨거운 반응에 담당자도 놀라

아워홈 Academy를 오픈한 이후 지난 1년 3개월간의 학습 참여도는 가히 놀라울 정도다. 과거 고용보험 적용 이러닝이나 독서통신보다 월등히 많은 임직원이 학습에 참여했다. 스마트러닝 도입 초기에 의도했던 전사원의 학습화 목적은 충분히 달성한 것이다.

특히 스마트러닝 참여자에 대한 설문 조사 결과를 살펴보면 상당히 만족스러운 결과임을 알 수 있다. 아워홈 Academy에 대한 전반적인 만족도 조사에서 90.7%가 만족 또는 매우 만족한다고 나타났다. 전년도의 교육에 비해서 개선되었다고 생각하는지에 대한 질문에는 80.7%가 만족 또는 매우 만족한다는 반응을 보였다. 동료에게 아워홈 Academy를 권유하겠느냐는 질문에는 87.9%가 그렇다 또는 매우 그렇다는 반응을 보였다. 자신의 만족에 그치는 것이 아니라 동료에게 강력히 추천할 정도로 만족스러웠다는 것을 단적으로 보여주는 설문조사 결과이다.

이러한 고무적인 결과가 가능했던 이유로는 새로운 형태의 스마트러닝 자체가 가지는 신선한 특성뿐만 아니라 아워홈 고유의 자체 콘텐츠가 큰 역할을 담당했다고 한다.

업종 특화 콘텐츠 수요에 발맞추는 것이 중요

아워홈이 스마트러닝을 도입한 지 1년 4개월째다. 그동안의 성과가 만족스럽다고 해서 변화와 혁신을 도모하지 않으면 그동안의 성과도 희석될 것이라고 백 대리는 말한다.

아워홈 스마트러닝의 앞으로의 변화 방향을 묻는 말에 주저 없이 나온 반응이 바로 업종 특화 콘텐츠에 대한 확충이다. 솔루션이나 시스템은 외부의 전문기관이 다 알아서 처리해 주지만 스마트러닝에서 정작 중요한 것은 콘텐츠라는 것이며, 콘텐츠 중에서도 가장 필요한 부분은 아워홈 업종에 맞는 콘텐츠, 임직원들의 니즈를 충족시킬 수 있는 콘텐츠라는 것이다. 아워홈 업종 및 상황에 맞는 콘텐츠와 외부의 최신화된 스마트러닝 솔루션이 결합되어 나타날 아워홈 스마트러닝이 기대되는 시점이다.

유한킴벌리:
직종간 학습불균형 해소

유한킴벌리는 직원 교육에 투자를 많이 하는 회사로 정평이 나 있다. 그리고 이러한 교육에 대한 투자는 직원들의 역량 개발을 통해 품질 및 생산성 제고에 실제로 큰 영향을 미치고 있다고 한다. 학습이 하나의 기업 문화로 자리잡은 대표적인 회사라고 할 수 있다.

유한킴벌리는 2년 전부터 스마트러닝을 활용하기 시작했다. 2년 전에는 이러닝과 스마트러닝을 병행 운영하다가 2013년부터는 이러닝은 운영하지 않고 스마트러닝만 적용하고 있다. 직원교육에 유독 관심을 많이 두는 유한킴벌리에서 스마트러닝을 어떤식으로 운영하고 있는지 구체적으로 살펴보겠다.

유한킴벌리는 2011년 8월에 본사 사무실을 스마트워크 환경으로 구축하여 업무환경 인프라를 변화시켰다.

아울러 전 사원에게 갤럭시 탭 8.9 LTE를 지급(2년간 사용요금 지원)하면서 모바일 인터넷 환경에 보다 친숙할 수 있는 인프라를 제공했다. 이로 인하여 스마트러닝을 위한 업무환경과 모바일기기에 대한 이해를 충분히 할 수 있는 기반을 조성하게 된 것이다.

임직원 및 임직원 가족까지 활용가능한 '모바일 지식카페'

서두에서 말했듯이 유한킴벌리는 대내외적으로 평생학습시스템이 잘 구축되어 활발히 운영되는 회사로 알려져 있다. 하지만 속내를 들여다 보면 이슈가 있다. 3개 공장은 1998년 시작한 4조 2교대 근무제도가 정착되어 연평균 학습시간이 300시간 이상인 반면 사무직 사원의 경우 연평균 학습시간이 100시간 내외였다. 생산직과 사무직간의 학습시간이 3배 정도 차이가 있었던 것이다.

결국 스마트러닝이 생산직과 사무직간의 학습시간 불균형을 해소하는 시기적절한 학습시스템이라는 판단하에 2012년 4월, '모바일 지식카페'라는 이름으로 스마트러닝 시스템을 구축하였다.

모바일러닝 시스템을 '지식카페'라는 명칭으로 정한 이유는 일반인이 자유롭게 카페에 가서 선호하는 커피·음료·빵을 즐기듯 편리하게 개인이 희망하는 과정을 신청하여 학습하는 환경을 만들고자 함이었다고 한다.

지식카페는 크게 비전 2020/MBA, 경영일반/리더십, 자기계발, 커뮤니케이션, 글로벌어학의 네 가지 콘텐츠를 기반으로 한 모바일러닝 시스템 구축 이후 가장 먼저 모바일기기를 이용한 학습에 가장 효과적이라 판단되는 필수학습 두 가지 과정에 전 사원을 강제 입과시켜 교육이수를 종용하였다. 자체 교육콘텐츠인 '유한킴벌리 비전2020의 이해와 업무 프로세스 개선을 위한 Lean'과 법정 의무교육인 '직장내 성희롱 예방교육'이 그 것이다.

나머지는 MBA 경영일반, 리더십 커뮤니케이션, 글로벌 어학 과정을 주요 카테고리로 묶어 자기주도학습이 이루어질 수 있는 환경을 구성하였다.

또한 직원뿐만 아니라 구성원 가족도 회사에서 지급한 정보화 기기(스마트폰·갤럭시탭 8.9 LTE)를 이용하여 자유롭게 모바일 지식카페에 접속하여 희망하는 교육과정을 이수할 수 있도록 안내하고 있다고 한다.

유한킴벌리는 임직원의 지식카페 활용률 제고를 위해 3단계의 활성화 정책을 펼쳤다. 1단계는 스마트러닝시스템 학습가이드를 구성원에게 SMS와 메일로 전달하였다.

2단계는 스마트러닝시스템 설치 및 활용법에 대한 오프라인 교육을 전사적으로 실시하였다.

마지막으로 3단계는 '모바일 지식카페 지식인 선정 이벤트' 등을 진행하였는데, 이는 이벤트 기간 내 최다 과정 수료자 선정, 핵심가치 프로그램을 빠르게 수료하는 자에게 제공하는 커피상품권, 최다학습 우수지식인 1인 선정 등 참여율 제고와 연관된 내용이다.

　이벤트 결과, 전체 수료과정과 교육시간 증가라는 괄목할 만한 성과를 얻게 되었다. 구체적으로 부진 학습자가 25% 감소하고 수료학습자가 240%로 수직상승하였다. 한달 내 총 학습시간이 3,737시간이라는 방대한 결과를 가져온 것이다.

‘모바일 지식카페’ 지식인 선정 이벤트를 위한 팝업창 디자인이다.

이런 고무적인 성과에 힘을 얻어 작년부터는 이러닝을 전면 폐지하고 현재까지 스마트러닝으로만 운영하고 있다. 스마트러닝이 이러닝의 장점을 이어가면서도 이러닝에서는 향유할 수 없었던 다른 많은 장점을 많이 보유하고 있다는 판단에서이다.

모바일러닝이라는 새로운 형태의 학습에 대한 구성원의 관심 집중에는 성공하였다. 하지만 지속적인 학습을 위해서는 모바일 기기의 특성과 학습자의 학습패턴에 적합한 콘텐츠 내용 및 학습시간을 고려하여 콘텐츠 개발이 이루어져야 할 것이라고 유한킴벌리 인력개발팀 백상기 수석부장은 말한다. 특히 업무를 통해 알 수 있는 자체 개발 교육콘텐츠를 보다 풍부하게 제공하여 스킬 위주의 교육에서 경험을 공유하는 지식공유의 장으로 전환해 나갈 것이라고 한다.

유한킴벌리는 유한킴벌리만의 스마트러닝 정의를 다음과 같이 확정하고 앞으로 이러한 방향성에 근거하여 스마트러닝을 발전시켜 나가고 있다.

S: Specific-교육목적을 구체적이고 정확하게 참가자가 인지하도록 해야 한다.

M: Measurable-교육성과를 측정가능하도록 구성하고 운영해야 한다.

A: Attainable-뜬구름 잡는 교육내용이 아닌 업무에 즉시 적용이 가능해야 한다.

R: Relevant-교육목적 및 성과가 회사의 비전달성과 한 방향

으로 정렬되어야 한다.

T: Time bound-구성원이 필요로 하는 시점에 교육을 실시해
야 한다.

천호식품:
행복한 새는 날아가지 않는다

    교육은 '재미'가 기본이다. 그 기본을 바탕으로 '유익'한 메시지를 전달하고 더불어 '감동'까지 전달하면 학습자 스스로 '실천'이라는 이름으로 생각과 행동의 변화를 통해 삶이 바뀌게 되는 것이다. 천호식품(주)은 복리후생 측면에서 근로자와 근로자 자녀 학자금을 지원해주는 '학자금 지원제도'를 운영하고 있지만, 소수에 국한되는 지원을 뛰어넘어 실질적으로 모든 근로자의 지속적인 경력개발(Career Development Program) 및 기초역량 강화를 위한 교육활동을 지원하고자 끊임없이 힘쓰고 있다.

    한 해 동안 운영됐던 교육에 대한 전 직원 교육만족도 조사는 교육운영의 개선점을 찾고 보다 나은 교육제도를 수립하는 데 좋은 지표를 제공해준다. 따라서 천호식품은 매년 하반기 전 직원을 대상으로 교육만족도 조사를 실시하고 직원들의 의견을 적극적으로 수용하여 반영하고 있다. 2013년 교육만족도 조사를 통해 획일화된 교육과정과 교육시간 등 기존의 교육 방식에 대한 직원들의 만족도가 다소 낮다는 점과 비용적인 한계로 인해 다양한 분야의 교육기회가 주어지지 못 하는 부분에 대한 개선의 필요성을 인지하게 됐다.

조사결과를 바탕으로 연초에 교육 계획을 수립하기 위하여 많은 데이터를 수집해본 결과 시간과 장소에 구애받지 않고 17,500여 개의 다양한 분야에 대한 학습을 무제한으로 할 수 있는 스마트러닝 서비스가 가장 적합하다고 생각되어 도입하게 되었다고 천호식품 교육담당자는 말한다.

언제, 어디서나 '스마트러닝'

앞서 말했듯이 전통적인 HRD 교육방식을 탈피하고자 새로운 학습방식에 대해 항상 고민하는 천호식품, 그 고민의 결과는 스마트러닝이었다. 천호식품이 적용한 스마트러닝에는 회사와 직원 간의 소통을 강조하는 특징도 숨어있다.

예를 들어 김영식 회장님이 직접 강의한 과정을 직원들에게 오픈했다. 필수 과정으로 지정하거나 강제적인 학습을 종용하지 않았다. 임직원 스스로 자율적으로 학습하게 한 것이다. 결과는 의외다. 많은 임직원이 회장님의 강의를 듣고 많은 반응이 다양한 형태로 바로 나타났기 때문이다.

과거 같으면 바쁜 회장님을 강의장에 모셔다 놓고, 임직원들도 일하다 말고 강의장에 모여서 회장님 말씀을 들어야 했다면 이제는 스마트러닝을 통해 회장님의 경영철학과 경영방침을 들을 수 있게 된 것이다. 간접적인 방법이기는 하지만 직접적인 방식의 소통보다 더 효과를 크게 본 것이다.

천호식품은 스마트러닝을 도입한 후, 직원들이 꼭 업무시간이 아니더라도 휴게시간이나 커피 마실 때 스마트러닝에 접속해서 10~20분의 짧은 강좌를 듣는 것을 보고 스마트러닝 도입결정에 대해 뿌듯함을 느꼈다고 교육담당자는 전한다.

스마트러닝을 통해 효과적인 학습이 이루어질 수 있도록 인사평가와 밀접한 관계가 있는 사내 마일리지 제도를 활용하여 매월 우수학습자에게는 교육우수 마일리지를 지급하고 상/하반기 Top 학습자들에게 별도의 시상금을 지급하는 등 학습자들의 지속적인 교육 참여를 위하여 여러 가지 방법으로 독려하고 있다.

스마트러닝에 대한 접근성을 높이기 위해 제도적인 측면 이외에도 스마트러닝 앱의 초기화면에도 나와 있지만, 천호식품은 '즐거운 스마트러닝 생활'이라는 모토를 활용하고 있다. 학습이 자유롭고 즐거운 것이라는 인식을 심어주기 위해 디자인에서부터 신경을 쓴 흔적이 역력하다.

특히 신입 직원들이 입사했을 때 회장님 강의를 들으려고 일부러 일정을 빼서 참석했는데, 스마트러닝을 도입하고 나서 신입 직원과정이라고 해서 언제 어디서나 수강할 수 있도록 지정해 놓은 점도 직원 입장에서는 굉장한 매력이다.

스마트러닝의 경우 기존의 이러닝과는 달리 실시간 운영현황 및 월별 리포트 등 교육담당자들이 필요로 하는 정보들을 손쉽게 확인할 수 있어 실무적으로 상당한 도움이 되고 있다. 예를 들면 금주의 총 학습시간, 오늘의 총 학습자수, 법정 필수과정 수료율 등의 학습통계 데이터를 실시간으로 확인할 수 있는 것은 교육담당자 관점에서 매우 유용하다고 말한다.

마지막으로 스마트러닝을 도입하고 교육예산을 50%나 절감하게 되었다고 한다. 그리고 절감된 비용으로 직원들의 복지 및 자기계발 비용으로 사용할 수 있게 되어 일석이조의 효과를 보게 되었다고 교육담당자는 전한다.

"새장의 문을 열어둔다고 해도 행복한 새는 날아가지 않는다"는 말처럼 내부고객인 직원들에게 더 많은 관심을 두고 지지와

회장님 강의를 언제든지 스마트러닝으로 들을 수 있게 해놓았다.

격려를 멈추지 않는 기업, 각 개인의 성장이 곧 회사의 발전으로
이어진다는 신념 아래 대한민국을 넘어 전 세계가 주목하는 천호
식품으로의 도약을 기대해 본다.

한국IBM:
스마터 플래닛의 실천

 IBM은 회사 설립 이후 100년이 넘는 동안 항상 혁신의 상징이 되어 왔다. 세계적으로 가장 많은 특허 건수를 보유하고 있으며 지금 현재도 혁신을 위해 세계 각지에서 전 임직원이 노력하고 있다. 최근에는 스마터 플래닛(Smarter Planet)을 캐치프레이즈로 하여 사업을 진행하고 있다. 그래서 스마터 비즈니스(Smarter Business)를 위한 이노베이션 파트너(Innovation Partner)라고 불리고 있다.

 IBM은 글로벌 지역별 조직 형태를 띠고 있다. HR, 마케팅/홍보, 재무, 법률 등은 글로벌 통합지원 기능으로 수행하고 있으며, HRD는 HR의 한 부분으로서 글로벌 관점의 교육 체계와 운영을 따른다.

그럼에도 불구하고 기본적인 메인 스트림으로서의 교육체계는 글로벌 관점을 유지하되, 한국IBM에서 적용 가능한 마이너 스트림으로서의 교육 과정 분야가 있다. 일반적인 공통역량 향상 과정이나 자기계발 등을 위한 과정이 그렇다. 한국IBM이 도입 적용한 스마트러닝이 바로 이런 분야에 해당한다.

스마트러닝이 교육 전체적인 관점에서 보았을 때 비록 마이너 스트림 측면에 속하기는 하지만 앞서 말한 혁신 관점마저도 마이너하게 적용한 것은 아니다. 글로벌 차원에서 실시하는 이러닝 외에 한국 내에서의 이러닝 기관에 위탁교육하던 기존의 이러닝을 과감하게 스마트러닝으로 대체한 혁신적 의사결정이 뒤에 숨어 있다. 좀 더 확대 해석해 본다면 스마터 플래닛을 위한 HRD 분야에서의 작은 실천에 해당한다고 할 수 있다.

기존 이러닝 대체 수단으로서의 스마트러닝

한국IBM은 글로벌 차원에서의 교육체계에 의해 실시하는 글로벌 이러닝과 국내의 이러닝 전문기관에 위탁교육하는 국내 이러닝을 병행하고 있었다. 개인들의 공식적인 역량개발계획(Individual Development Plan)에 의거한 교육은 글로벌 이러닝을 통해서 수행하였으며, 국내 이러닝은 임직원이 자율적으로 신청하고 자기주도적으로 학습하는 데 활용되고 있었다. 그러나 기존 국내 이러닝의 경우 진정한 유비쿼터스 학습이 되지 못하며, 학습 콘텐츠가 너무 길고 무거워 참여율이 저조하다는 치명적 단점을 지니고 있었다.

이런 상황에서 조직 내 학습의 효율성 및 참여율 제고를 위해 스마트기기 활용방안을 검토한 결과, 기존의 국내 이러닝을 스마트러닝으로 전환하여 사이버 교육을 대체한 것이다.

스마트러닝으로 도입 적용한 콘텐츠는 총 16,500여 개로서 과정 단위로 환산하면 1,400여 과정에 해당한다. 한국IBM의 특성과 역량 체계 등을 고려하여 비즈니스 스킬, 경영 일반, MBA, 리더십, IT/OA, 인문/교양, 외국어로 카테고리를 구성했다.

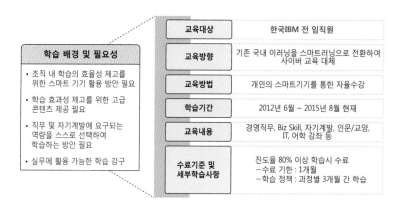

스마트러닝 운영 기간 동안 전 임직원이 스마트러닝을 활용했다. 이 숫자는 한국IBM이 외부 위탁교육을 실시한 이래 가장 많은 숫자에 해당한다. 학습자 1인당 평균 1.4대의 디바이스를 활용했다. 이 말의 의미는 두 명 중 한 명의 임직원이 스마트폰과 컴퓨터, 또는 스마트폰과 스마트패드를 동시에 활용하였다는 것을 의미한다. 그야말로 스마트하게 학습 채널을 활용한 것이다.

1회 평균 학습시간은 13분으로서 자투리 시간을 매우 적극적으로 활용했음을 알 수 있다. 이것은 학습 시간의 효율화라고 달리 표현 내지는 해석할 수 있다. IBM은 글로벌 기업이다 보니 아무래도 영어의 중요성이 높다. 따라서 예상한 대로 영어 콘텐츠에 대한 학습이 34%로서 가장 높았다. 그 다음으로는 비즈니스 스킬이 15%, 인문/교양이 10%를 차지했다.

기기 유형별로는 안드로이드폰이 36%, 아이폰이 17%, 웹이 47%였다. 스마트폰이 53%로서 스마트러닝의 취지에 부합하는 결과를 보였다. 결국 기존의 웹베이스 이러닝 학습행태가 단기간에 스마트기기 중심의 스마트러닝으로 바뀌었음을 알 수 있다.

시간대별 학습시간에 있어서는 비일과시간이 55%(퇴근시간 19%, 출근시간 18%, 점심 시간대 10%, 심야 시간대 8%)이고 일과시간이 45%로, 일과 시간 외의 시간에 학습이 더욱 많이 이루어졌으며, 특히 출퇴근 시간대에 집중적으로 학습이 이루어지고 있음을 알 수 있다. 이는 스마트러닝이 임직원의 시간 활용도를 높이는 데 공헌하고 자기계발 기회 확대에 기여했다고 해석할 수 있다.

시범적으로 도입한 스마트러닝이 아무리 마이너 스트림에 속하는 교육 과정이라 할지라도 교육비를 무시할 수는 없다. 어느 교육 과정을 적용하더라도 예상되는 교육 효과 대비 교육 비용이

저렴하다면 좋을 것이다.

기존 국내기업체의 이러닝은 직원별 및 하나 하나의 각 과정별로 비용이 개별적으로 산정되어 합산되었다면, 스마트러닝은 실제 활용하는 직원수 및 과정수에 관계없이 통산한 연간금액으로 계약을 함으로써, 상당한 금액의 실질적인 학습비 절감과 더불어 무한대의 활용이 가능한 장점이 특징이다.

여기에 덧붙여 학습자들의 학습 편의성 증대, 학습 채널의 증가, 자투리 시간의 활용 가능 및 이를 통한 학습 만족도 증가 등을 포함하면, 학습비 대비 부수적인 효과는 더욱 커진다고 할 수 있다.

현재까지의 스마트러닝 도입 결과를 한마디로 요약하면 만족이라고 한다. 교육비는 감소했고, 사용자 및 학습량은 증가했고, 학습자 만족도 또한 높았기 때문이다. 그래서 스마트러닝을 도입한 지 2년이 지난 지금도 계속 스마트러닝을 지속적으로 적용하고 있다.

그러나 현재의 스마트러닝이 완벽한 상태라고 말할 수는 없다. 전략, 콘텐츠, 운영, 인프라 여러 측면에서 지속적인 업그레이드가 필요하다고 한다.

전략적인 관점에서 보면 스마트러닝에서 이루어지는 학습이 IBM의 전체적인 HRD 체계와 맞물리도록 하는 것이 필요하다고 담당자는 말한다. 콘텐츠 측면에 있어서는 다양한 분야의 신규 콘텐츠를 지속적으로 확보하는 것을 주요 방향으로 잡았으며, 운영 측면에서는 학습 동기부여를 위한 다양한 구조적 장치를 마련할 계획이라고 하였다. 아울러 학습자의 의견을 반영하고 학습 결과를 보고하는 체계를 강화할 필요가 있다고 한다. 인프라 측면에서는 각종 사용자 편의 기능을 계속적으로 추가 탑재해 나갈 예정이라고 하였다. 그러면서도 학습자의 조작이 쉬운 가벼우면서도 유연한 플랫폼을 가져갈 필요가 있다고 담당자는 강조한다.

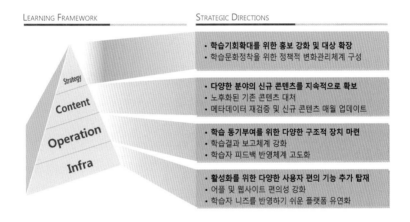

이렇게 전략, 콘텐츠, 운영, 인프라 등 다각적인 측면에서의 지속적인 개선 내지는 혁신이 이루어진다면 스마트러닝은 머지않아 선택이 아닌 필수가 될 가능성이 높아 보인다. 현재는 마이너 스트림으로서의 교육 방법론이지만 향후에는 메인 스트림으로서의 교육 방법론으로 충분히 자리매김할 것으로 본다. 아울러 스마터 플래닛을 위한 작은 실천이 창대한 발전을 위한 첫걸음이었다는 것이 드러날 것이다.

안전행정부:
스마트해진 공무원 교육

일반적으로 '공무원'하면 떠오르는 단어가 있다. 관료주의, 복지부동, 무사안일 등이다. 그런데 이런 일반적인 선입견이 학습 측면에 있어서도 그대로 적용될까? 안전행정부에서 중앙정부 공무원을 대상으로 수차례 실시한 스마트러닝 결과를 보면 이것이 선입견이라는 것을 바로 알 수 있다.

스마트러닝 도입배경

안전행정부는 공무원들이 시간과 장소에 구애받지 않고, 다양한 콘텐츠를 학습할 수 있는 환경과 기회를 제공하고자 스마트러닝을 지난 2012년 상반기와 하반기로 나누어 민간 스마트러닝 전문 교육기관에 위탁 운영해 보았다. 상반기는 3개월, 하반기는 2개월 도합 5개월간 스마트러닝을 시범 적용한 것이다. 이 과정에서 기존의 오프라인 집체교육이나 이러닝과 차별화될 수 있도록 인문, 교양, 자기계발 분야를 중심으로 콘텐츠를 구성했다. 이렇게 함으로써 공무원들이 학습 부담을 갖지 않고 편한 분위기에서 자율적으로 학습할 수 있도록 해 보았다.

각 분야의 콘텐츠는 평균적으로 20~40분 내외, 즉 평균적으로 30분 정도의 콘텐츠를 적용해 보았다. 스마트러닝으로 제공한 총 콘텐츠 수는 상반기에 500여 개에 달한다. 학습이 가능한 디바이스로는 안드로이드폰, 아이폰뿐만 아니라 스마트패드에서도 학습이 가능하도록 했다. 그래야만 스마트러닝에서 본의 아니게 소외되는 사람이 발생하지 않기 때문이다. 아울러 콘텐츠 다운로드 기능을 적용하여 통신망 불안정에 따른 불편과 데이터 사용료에 대한 부담을 덜어주고자 했다.

그런데 단지 다운로드한 콘텐츠를 반복 수강하는 기능에 그치는 것이 아니라, 다운로드한 콘텐츠를 학습하더라도 학습 진도를 인식하여 이어듣기가 가능하도록 했다. 쉽게 말하면 비행기 모드에서 다운로드한 콘텐츠를 학습하더라도 학습 이력이 남아 학습 관리가 된다는 것이다.

예산이 한정되어 있는 관계로 상반기에는 447명의 학습자를 대상으로, 하반기에는 423명을 대상으로 스마트러닝을 적용해 보았다.

스마트러닝 실시 결과

예상 외의 놀라운 학습 참여 먼저 상반기 참여자의 학습량을 살펴보면, 30~50개의 콘텐츠를 학습한 학습자가 79%이며, 51~80개의 콘텐츠를 학습한 학습자는 15%에 달한다. 심지어는 243개의 콘텐츠를 학습한 학습자도 있었다. 하나의 콘텐츠당 평균 시간이 30분이라고 가정했을 때 94%의 학습자가 3개월에 걸쳐 평균 25시간을 학습한 꼴이 된다. 상당히 높은 학습량이라고 할 수 있다.

하반기 참여자의 학습량 측면에서는 30~50개의 콘텐츠를 학습한 학습자가 79%로서 상반기와 동일하며, 51~80개의 콘텐츠를 학습한 학습자는 20%에 달한다. 많은 학습량을 보이는 학습자 비율이 상반기의 15%에 비해 5% 증가한 것을 알 수 있다. 하반기의 경우 94%의 학습자가 2개월에 걸쳐 평균 25시간을 학습한 꼴이 된다. 상반기에 비해 학습 기간이 34% 짧은 것을 염두에 두면 학습시간의 괄목할 만한 성장을 느낄 수 있다.

참여율의 점진적 증가 상반기에 학습 신청한 447명의 경우 1개월차에 97.8%의 입과율에 78.3%의 수료율을 보였다. 2개월차에는 97.4%의 입과율에 88.8%의 수료율을 보였다. 마지막 3개월차에는 99%의 입과율에 97.1%의 수료율을 보였다. 전반적으로 보았을 때 입과율은 월별로 대동소이하나 수료율은 큰 증가세를 보인다. 학습을 마무리하는 마지막 3개월차에 입과율과 수료율이 가장 높다는 것도 하나의 큰 특징이다.

하반기에 학습 신청한 423명의 경우 100%의 입과율에 66%의 수료율을 보였다. 상반기에 비해서 수료율이 낮아진 것은 연말에 집중된 많은 업무 및 개인적으로 많은 송년회 등으로 추정된다.

학습자 설문조사 결과

기본적으로 공무원의 자발적 신청에 의해서 학습자를 선정하고, 학습자의 자기주도 기반 학습이었기에 앞서 언급한 긍정적인 학습 결과가 도출되었을 수도 있다. 그러나 스마트러닝에 참여한 학습자들을 대상으로 실시해 본 설문조사 결과에 의하면 스마트러닝 자체의 우수성에 기인한다는 것을 알 수 있다.

상반기 하반기 모두 스마트러닝을 실시한 뒤 학습 참여자를 대상으로 참여동기, 교육과정에 대한 평가, 교육과정에 대한 개선 의견을 중심으로 스마트러닝에 대한 설문조사를 실시해 보았다.

먼저 교육과정에 대한 평가 부분에서 전반적인 만족도를 묻는 질문인 '수강하신 과정에 대한 만족도를 체크해 주세요'라는 항목에 대해서 상반기에는 5점 만점에 4.1의 결과를 보였다. 전체 응답자의 83.8%가 만족 또는 매우 만족을 선택했다. 상당히 높은 수준의 만족도라고 할 수 있다. 하반기에는 5점 만점에 4.25의 결과를 보였다. 상반기에 비해서 0.15 증가했다. 전체 응답자의 90.3%가 만족 또는 매우 만족을 선택했다. 상반기에 비해서 6.5%가 증가했다.

교육효과를 묻는 질문인 '교육을 통한 업무 수행 능력(지식,

기술, 태도 등)의 향상 정도를 체크해 주세요'라는 항목에 대해서는 상반기에 5점 만점에 3.8의 결과를 보였다. 전체 응답자의 68.1%가 높음 또는 매우 높음을 선택했다. 하반기에는 5점 만점에 3.97의 결과를 보였다. 상반기에 비해서 0.17 증가했다. 전체 응답자의 79.0%가 높음 또는 매우 높음을 선택했다. 상반기에 비해서 10.9%가 증가했다.

교육내용의 적절성을 묻는 항목인 '교육 내용과 난이도의 적절성에 대해 체크해 주세요'라는 항목에 대해서는 상반기에 5점 만점에 3.98의 결과를 보였다. 전체 응답자의 77.3%가 적절 또는 매우 적절하다고 답했다. 하반기에는 5점 만점에 4.08의 결과를 보였다. 상반기에 비해서 0.1 증가했다. 전체 응답자의 84.9%가 적절 또는 매우 적절하다고 응답했다. 상반기에 비해서 7.6% 증가했다.

교육시간의 적절성을 묻는 항목인 '수강하신 과정의 교육 시간이 적절하였는지 체크해 주세요'라는 항목에 대해서는 상반기에 5점 만점에 3.97의 결과를 보였다. 전체 응답자의 75.7%가 적절 또는 매우 적절을 선택했다. 하반기에는 5점 만점에 4.15의 결과를 보였다. 전체 응답자의 89.3%가 적절 또는 매우 적절을 선택했다. 상반기에 비해서 점수로는 0.18, 비율로는 13.6%가 증가했다.

스마트러닝 재수강 희망 여부를 묻는 항목인 '향후 스마트러닝을 재수강할 의향이 있는지 체크해 주세요'라는 항목에 대해서 상반기에는 5점 만점에 4.49의 결과를 보였다. 전체 응답자의 92.4%가 높음 또는 매우 높음을 선택했다. 하반기에는 5점 만점에 4.56의 결과를 보였다. 전체 응답자의 93.6%가 높음 또는 매우 높음을 선택했다. 기본적으로 매우 높은 재학습 의지를 표명했다고 판단할 수 있다. 또한 약간의 상승이기는 하지만 상반기에 비해 하반기에 점수로는 0.07, 비율로는 0.8%의 증가가 나타났다.

전체적인 관점에서 보았을 때 상하반기 모두 만족스러운 설문조사 결과가 나왔으며, 미미하기는 하지만 상반기에 비해 하반기에 전 설문 분야에 걸쳐 수치가 올라갔다는 것이 상당히 고무적이다. 설문조사 결과 수치만 놓고 보았을 때 시범적으로 도입한 스마트러닝은 그 자체로 일단 대성공이라고 할 수 있다. 이러한 조사결과 기초해 2013년 현재도 스마트러닝을 확대적용하고 있는 중이다.

앞으로의 과제

시대의 조류에 따라 도입 적용한 스마트러닝에 대한 반응은 스마트러닝 실시 결과에서 살펴본 바와 같이 가히 놀라울 정도라고 할 수 있다. 공무원 사회에서의 과거 관행을 의식하고 큰 기대를 하지 않았기 때문에 놀라운 것이 아니라, 스마트러닝 자체의 효용성이 의외로 컸기 때문이다. 안전행정부에서 시범적으로 실시해본 결과 스마트러닝은 전체 공무원 사회에 확대적용하는 것이 가능할 뿐 아니라 그러해야 한다고 생각한다.

다만, 공무원 사회에 특화된 콘텐츠의 확충 그리고 보다 다양한 분야에 대한 콘텐츠 확충이 선결조건으로 남아있다. 민간 스마트러닝 교육업체에 위탁 운영하다 보니 상대적으로 공무원에 특화된 콘텐츠가 부족한 것이 사실이다. 물론 민간 교육업체에서 공무원을 대상으로 하는 전문 콘텐츠를 집중적으로 개발하기는 쉽지 않을 것으로 보인다. 정부기관 내에서 자체 생산을 해야 할 것이며, 이 자체 생산한 콘텐츠를 민간 교육기관의 플랫폼에 탑재해서 운영하는 것이 현명한 방향이라 생각한다. 이는 상반기 스마트러닝 실시 후 설문 조사 결과에 기초해서 인문, 교양, 자기계발 콘텐츠 수를 500개에서 855개로 늘리고, 어학과 OA 분야 콘텐츠를 신규로 470여 개 확충한 결과, 하반기 참여 학습자의 전반적인 만족도 및 참여도가 높아졌음을 통해 알 수 있다.

마지막으로 설문 조사 과정에서 개인 의견을 제시한 학습자의 목소리를 가감없이 있는 그대로 제시하면서 글을 마치고자 한다.

"제주도라는 섬지역에서 이런 좋은 테마별 강의를 접할 수 있는 기회가 제공되어 너무 좋았습니다. 본 교육을 받으며 업무 및 대인관계가 좋아졌으며 각종 테마별 교육을 받을 수 있어 좋았습니다. 교육 수료자는 미학습 항목을 계속하여 수강할 수 있도록 희망!! 미학습 항목을 계속하여 강의 받을 수 있도록 부탁 또 부탁 합니다. 좋은 강의 고맙습니다."

"시간에 구애받지 않고 평소에 자주 접할 수 없는 다양한 프로그램이 있어 좋았습니다. 2달여 동안 관심 있는 강의들을 시간 가는 줄 모르고 학습하였습니다. 좋은 강의 프로그램 만들어 주신 데 대해 감사하며, 재수강하고 싶은데 계속 유지 부탁드려도 될까요? 수고하세요."

"직무관련 전문분야 콘텐츠도 포함하여 수시로 상시 학습할 수 있도록 하며, 학습 기간도 탄력적으로 하여 자기주도로 하였으면 좋겠습니다."

실행

5

▼Micro−Learning, 2015

스마트러닝 도입과
HRD 담당자의 자세

스마트기기의 확산으로 인한 정보량의 폭증과 소셜네트워크의 일상화가 우리를 둘러싼 가장 큰 환경변화임을 부정하는 사람은 없을 것이다. 이것은 곧 과거 단순정보를 전달하던 웹의 개념이 사회적 연결망을 강조하는 소셜의 개념을 넘어 이제는 무형식화된 지식까지 연결하는 클라우드의 세계로까지 발전하고 있음을 의미하고 있다.

이러한 시대는 HRD 분야에도 당연히 엄청난 영향을 미치고 있으며 스마트러닝이라는 새로운 분야를 탄생시켰다. 해외 유명 HRD 관련 학술지나 매거진, 그리고 ATD를 비롯한 많은 콘퍼런스에서도 이를 포함한 Learning Technology가 주요 테마로 논의되고 있음은 물론이며, 최근 몇 해 동안 기업 HRD 분야에서 화두로 삼았던 핵심인재, 소셜러닝, 무형식학습, 성과측정, 혁신적 교육방법, 기업성과와 전략적 파트너, 창조적 인재육성과 같은 HRD 분야의 기존 주요 핵심주제들이 스마트러닝의 개념과 함께 연구되고 있다. 특히 정보와 소셜의 확산에 따른 빅데이터와 이에 기반한 궁극의 HRD 성과개념까지 그 변수로 삼고 있으며, 아마 가까운 장래에 교육학계에서 가장 중요한 개념 중의 하나로 자리잡을 것이라고 해도 과언이 아니다.

기업 HRD 담당자들의 과제

자율과 창의 우리나라 기업 HRD 담당자들은 정말 열심히 공부하고 뛰어난 프랙티스들도 많이 공유해서 이 분야의 전문성에 관해서는 어느 나라에도 뒤지지 않는다. 하지만 가장 부족한 것은 '자율성'과 '창의성'이다. 즉, 자기 회사에 맞는 차별화된 교육전략을 실천하지 못하고, 공급자 중심의 교육서비스를 정해진 정책과 절차에 따라 타성적으로 제공받는 사례가 많기 때문이다. 실제로 이로 인한 손실의 총액이 얼마나 크다는 것을 기업들은 인식하지 못하고 있으며, 이러한 관행들이 가장 우선적으로 변화되어야 할 명제 중의 하나이다.

경영전략분야에서 큰 연구업적을 세운 송재용 서울대학교 교수(Samsung Way, 2013)는 기업의 가장 중요한 성공방정식으로 내부혁신역량과 외부지식흡수역량 강화를 통한 진화적, 더 나아가 창조적 혁신역량을 강조했는데 HRD라는 영역에도 이러한 이론이 적용될 수 있다. 즉, 우리나라 HRD 담당자들도 자체교육체계의 순혈주의에만 매달릴 것이 아니라 외부의 다양한 지식과 서비스를 받아들이는 데 더욱 신경을 써야 할 것으로 생각된다. 즉, 자체기술과 외부도입이 균형을 이루는 교육체계와 관행이 필요한 때이다.

Learner-Centered 기업 HRD 분야가 더욱 발전하기 위해서 특별할 건 없지만 누구나 잘 알고 있다고 생각하는 일반적인 HRD의 오류들과 함정에서 진정으로 벗어나 학습자들을 이해하는 방식에 대한 아주 기본적인 변화를 가져야 한다. 정보와 소셜이라는 환경에서 성장하고 있는 지금의 20~30대들은, 앞으로 더욱 그 대상층이 넓어지겠지만, HRD와 관련해서 표준화, 통일, 관료적, 전제적, 순응, 집권 등의 단어에 아주 부정적일 수밖에 없다. 오히려 커스터마이제이션, 다양성, 팀워크, 공유, 자기주도, 위임이라는 특성에 더 목말라 하고 있다. HRD 담당자들은 이러한 기본적인 학습자의 특성을 고려해서 얼마나 교육전략에 반영하고 있는지 고민해야 할 때이다.

미국 인디애나 대학교 라이겔루스 교수(Reinventing Schools, 2013)는 미국 K12 교육 시스템의 패러다임 변화의 필요성과 비전을 제시하면서 'Learner-Centered'라는 개념을 제시하고 있다. 이는 기업 HRD에도 충분히 시사점이 있는 것으로, 간단히 설명하자면 기존 시스템이 교수자 위주의 전달식 교육이었다면 새로운 시스템에서는 학습자가 주도적으로 학습할 수 있도록 강의보다는 협력적 학습환경을 통해 과제를 해결하거나, 이 과정에서 학습자가 필요할 때 적기에 교수지원이 가능하도록 개인화된 학습(Personalized Learning) 체계를 마련해야 한다는 것으로 이 과정에서 기술적 지원도 매우 중요한 요소로 제시하고 있다. 이 개념은 HRD 담당자에 의한 관리와 통제중심의 일방적 학습보다는 학습자가 과업수행 중 필요시 자기주도적으로 학습할 수 있도록 개인화된 학습환경을 제공해야 한다는 것이며, 이것은 HRD 담당자라면 누구나 알고 있는 원칙들이지만 정말 지켜지지 않는 대표적인 원칙이기도 하다.

HRD 담당자의 자세   리더십과 변화관리 분야의 대가인 이화여자 대학교 윤정구 교수(100년 기업의 변화경영, 2010)는 '창조는 기존의 정신 모형을 대체하는 식으로 수정하는 것이 아니라, 과감하게 버리는 것이 진정한 창조의 수순이라는 것을 이해하는 과정이다'라고 했다. HRD 담당자 입장에서 해석해보면 기존의 교수방법이나 전달방식 때문에 투자한 자산을 아쉬워하거나 과거의 성공신화에만 매달리지 말고, 두렵지만 새로운 기술을 받아들이는 창조적 혁신을 통해 저비용 고효율의 교육체계로의 전이를 지속해 나가는 용기가 있어야 한다는 의미일 것이며, 이것은 동시에 기업 HRD 담당자로서 미래 자신의 경쟁력과 시장가치를 높이는 지름길일 수도 있다.

HRD 기능이 기업 내에서 전략적 파트너의 역할을 수행한다는 것은 바로 이렇게 타사와는 차별화된 방식으로 원가를 획기적으로 혁신하고 새로운 가치를 창출할 때 가능해 지는 것이다. 최근 이러닝 위주의 온라인 교육에서 과감히 벗어나 스마트러닝으로 직원교육을 혁신적으로 변화시킨 많은 회사 사례들이 앞에서 소개되었다. 단언컨대 이러한 기업들의 선제적 HRD 혁신은 앞으로 몇 년이 지나지 않아 그동안 축적된 노하우 자체만으로도 경쟁사가 함부로 넘볼 수 없는 엄청난 가치를 지닌 경쟁장벽으로 자리 잡을 것이다.

스마트러닝 도입

효과적인 방안   사람들은 새로운 제도나 시스템을 도입한다고 하면 먼저 비용을 떠올리고, 다음으로 시간이 얼마나 걸릴까, 또 괜히 도입했다가 실패하는 위험이 있지는 않을까부터 고민한다. 기업 HRD 담당자들 입장에서도 마찬가지일 것이다. 물론 예외적으로 내부에서 자신들의 힘만으로 이러한 혁신적인 업무들을 진행할 수 있다면 그 성과와 보상이 몇 배로 커질 수 있으니까 모든 것을 자신들의 역량만으로 시도하려는 사람들도 있겠지만, 새롭고 혁신적인 내용의 일들을 모두 자신의 책임하에 진행해야 한다면 추후에 어느 누구도 그에 대한 비용이나 시간, 위험을 감당할 수는 없을 것이다. 따라서 스마트러닝을 새롭게 도입하는 경우에도 내부와 외부의 역량을 효과적으로 분업하여 진행한다면 더 싸고 빠르며 덜 위험하게 이러한 혁신을 진행할 수 있다.

이러한 전략적 혁신 개념을 주창한 UC버클리 대학교 체스브로 교수(오픈 이노베이션, 2003)의 오픈 이노베이션을 예로 삼을 수 있다. 체스브로 교수가 주장하는 오픈 이노베이션을 요약하자면 외부의 혁신적 아이디어를 자신의 것으로 받아들이는 것은 중요한 의사결정이긴 하지만 비용, 속도, 위험측면에서 살펴본다면 내부의 직접적인 혁신에 비해 매우 효과적이라는 것이다. 이를 다른 말로 표현한다면 혁신의 분업이며, 기업 HRD 담당자들 입장에서 만약 스마트러닝을 도입하는 데 이러한 오픈 이노베이션 개념을 고려한다면 조금도 주저할 필요가 없다.

구글의 무인자동차 프로젝트와 같이 수없이 많은 외부 혁신 아이디어를 가져와 성공역사를 써나가고 있는 구글X 프로젝트나 애플 짝퉁폰으로 처음 사업을 시작했지만 매일 외부 팬(구매고객)들로부터 혁신 아이디어를 받아들여 2년 만에 애플폰의 중국 내 시장점유율을 뛰어 넘은 샤오미와 같은 사례는 외부의 혁신 아이디어를 내부 역량화하여 비즈니스에까지 성공적으로 활용한 경우로서 우리가 참조할 만한 좋은 사례이다.

전략적 의미 기업이라는 거시적 차원에서 스마트러닝 도입이 가지는 의미를 살펴본다면 도입 그 자체보다는 도입한 스마트러닝을 내부에 어떻게 활용하여 조금이라도 더 '대사율'을 높이느냐가 중요하다고 볼 수 있다. 예를 들자면 스마트러닝에 맞게 사업전략에 부합하는 과정이나 프로그램들을 신규로 기획하거나, 기업 내외부의 과정들을 빠르게 소싱하여 사업에 요구되는 핵심 역량들과 교육프로그램을 신속하게 연계함으로써 전사 전략의 직접적인 파트너로서의 역할에 더 충실할 필요가 있다는 뜻이다.

스마트러닝을 도입하면 기업들은 예전처럼 비용이 많이 들어가는 대규모 오프라인 교육과 같은 고비용구조의 순차적 교육형태는 줄여 나갈 수 있다. 왜냐하면 앞으로 스마트러닝을 통해 발생하는 교육실적 데이터를 분석하면 실시간으로 부서별·직급별로 세부적인 교육계획 수립이 가능하며, 전 직원들에 대해 세분화되고 차별화된 맞춤교육을 동시에 제공할 수 있기 때문이다.

이것은 과거처럼 부서별로 한정된 교육자원을 순차적으로 제공하던 체계에서 벗어나 모든 부서들이 일시에 다양하고 차별화된 교육서비스를 한꺼번에 받을 수 있도록 하는 것이다. 축구를 예로 들자면 포지션에 고정된 전통적인 플레이 방식을 하는 것이 아니라 전원공격, 전원수비가 가능한 토탈사커 전략을 펴는 것과 같은 원리이며, 이렇게 하면 전 직원의 역량을 가장 짧은 시간에 효과적으로 증진시킬 수 있다. 스마트러닝 도입을 통한 토탈사커 효과 하나만 보더라도 교육분야에서 과거에는 상상할 수도 없었던 혁명이라고 볼 수 있다.

파괴적 혁신전략 기존에 우리가 알고 있던 많은 성공적인 제품과 서비스들이 혁신에서 실패하는 이유는 성공방정식에 스스로 도취되어 사용하지도 않을 기능들을 제품과 서비스에 계속 복잡하게 첨가하면서 소비자들의 외면과 함께 자멸하기 때문이다. 그래서 크리스텐슨 하버드대학교 교수(혁신기업의 딜레마, 2009)는 지속 가능한 혁신적인 제품과 서비스 기업이 되기 위해서는 선도적인 사용자(lead user)들이 끊임없이 필요한 기능들을 제안하고 기업은 이를 바탕으로 제품과 서비스를 개선해 나가는 파괴적 혁신전략을 실천해야 한다고 주장하고 있다.

2010년부터 태동하기 시작한 국내 스마트러닝 서비스도 지금까지 파괴적 혁신전략을 통해 진화해오고 있으며, 많은 선도적 기업의 HRD 담당자와 학습자들이 제공하는 피드백과 개선 요구 사항들을 끊임없이 서비스에 반영하면서 더 빠르고 더 싸게 안정된 서비스를 제공하고 있는 것이다. 스마트러닝이 혁신적인 이유는 역설적이긴 하지만 앞으로도 선도적 사용자들이 제공하는 아이디어를 통해 더 혁신적으로 변화할 여지가 무궁무진하기 때문일 것이다.

스마트러닝에 필요한 핵심기능들

이러한 파괴적 혁신전략을 통해 스마트러닝에서 구현해야 할 핵심적인 기능에는 정보의 홍수 속에서 새롭게 등장한 빅데이터와 소셜기능을 통한 사회적 연결망의 활용, 그리고 20~30대들을 위해서 필수적인 재미(fun) 요소의 보완과 같은 것들이 있다.

빅데이터(big data) 빅데이터를 통해 분석한 학습자 통계들은 HRD 담당자들에게 교육성과들에 대한 구체적이고 논리적인 근거뿐만 아니라 이들이 기존에 가지고 있던 편견과 맹점들을 극복하게 해준다. 특히 그동안 당연시했던 학습자원에 대한 경험과 직관들이 합리적인 교육계획을 수립하고 실행하는 데 얼마나 방해가 되었는지도 새롭게 인식할 수 있는 계기가 되기도 한다.

빅데이터에 기반한 스마트러닝이 갖는 의미는 매우 다양하다. 우선 수십만 명의 학습데이터를 가공해서 수없이 많은 학습콘텐츠 중 자신과 같은 프로파일의 사람들이 무엇을 많이 학습하는지를 다양한 관점에서 알 수 있으며, 최신 학습콘텐츠는 무엇인지, 앞으로 제공될 콘텐츠는 무엇인지, 그리고 이러한 콘텐츠에 대해 다른 학습자들의 반응은 어떠한지 실시간으로 확인이 가능하며, 개인별 직무와 숙련도 등 개인 프로파일에 기반한 차별화된 학습을 제공할 수 있다. 그리고 아주 세부적으로는 자신의 동료와 선후배로부터의 조언과 코멘트까지 들어가며, 언제, 누가, 얼마나, 무엇을 공부했는지까지 비교해가면서 학습할 수 있다.

과거에는 HRD 담당자들이나 학습자 스스로 아주 적은 양의 데이터를 매뉴얼로 분석해서 피동적으로 교육전략을 수립했지만, 이렇게 되면 이제 HRD 담당자뿐만 아니라 학습자 스스로도 자신의 학습활동을 실시간으로 체크하면서 자기주도적으로 능동적인 학습을 할 수 있는 기반이 마련되었다는 뜻이기도 하다. 또한 스마트러닝 빅데이터를 통해 HRD 담당자들도 교육현황을 실시간으로 파악해서 각 개인에게 맞는 최적의 교육계획을 제공할 수 있으며, 이를 통해 경영성과를 직접적으로 높일 수도 있다. 더욱이 학습자들에게 더 큰 가치를 제공할 수 있는 새로운 교육방식과 전략도 수립할 수 있다.

리차드 브랜트(원클릭, 2012)는 아마존의 성공을 빅데이터에 기반한 고객분석과 그 분석결과를 전략적으로 활용하여 거대한 고객군을 자산화한 덕분이라고 하고 있다. 향후 클라우드 시스템이 더욱 확산되는 미래에는 정보와 소셜이라는 거대한 두 축이 만나 학습자가 언제, 무엇을 할지 시스템이 미리 예측하는 인공지능의 시대인 'Meta-Web의 시대'로 접어들게 될 것이며, 모든 HRD 분야의 혁신도 이러한 기술적 흐름과 함께 더욱 가속화해 나갈 것이다.

소셜(social) 소셜기능은 학습자가 교육과정을 선택하는 데 신뢰할 수 있는 선택 기준이 된다는 측면과 이러한 정보들을 통해서 기업 내 학습관행이 확산될 수 있다는 측면에서 HRD 담당자와 학습자 모두에게 매우 중요한 순기능 중 하나이다. 특히 HRD 담당자에게는 오픈예정인 신규과정에 대한 선호도를 학습후기, 댓글이나 좋아요, 추천 빈도, 예약자 수와 같은 소셜 정보를 통해서 미리 확인함으로써 세분화된 교육계획 수립에 정확성을 기할 수도 있으며, 학습자들은 이러한 소셜정보를 자신의 학습활동에 활용함으로써 더욱 흥미를 가지고 학습할 수 있다.

지금까지 온라인 기업교육이 가지고 있는 맹점 중의 하나는 학습자/교수자 혹은 학습자/학습자 간의 상호작용을 통한 양방향적 교육이라기보다는 일방향적 전달 교육이라는 한계를 벗어나지 못하고 있다는 것이며, 이로 인해 발생하는 학습자들의 고립감도 HRD 담당자로서는 해결해야 할 큰 과제 중의 하나였다. 하지만 스마트러닝에서는 소셜기능을 통해 학습 과정상의 의문점, 학습을 통해 갖게 된 자신만의 관점, 혹은 좋은 아이디어와 같은 내용들을 서로 공유하면서 튜터링이나 학습운영자가 별도로 개입하지 않아도 학습자들끼리 답을 찾아가고 아이디어를 발전시킬 수 있는 의미있는 동료 간 학습(peer learning)의 장이 마련될 수도 있다. 실제로 교육학계에서는 학습과정에서 학습격차(learning gap)가 발생했을 때 적시지원(Just-In-Time support)을 제공해주는 것이 가장 효과적이라고 하는데, 스마트러닝에서는 소셜기능의 특성을 고려했을 때 신속하게 필요한 도움을 받을 가능성도 높고, 이를 통해 자연스러운 학습조직 구성이나 학습관행의 확산이 이루어질 수도 있다.

흥미(fun) 최근 뉴욕대학교 심리학과에서는 통로 왼쪽에는 청년층 사진을, 오른쪽에는 노년층 사진들을 전시하고 이 통로를 자유롭게 보행하는 사람들을 관찰한 결과 노년층 사진쪽으로 걷는 사람들이 청년층 사진쪽보다 1.5배나 느리게 걷는다는 사실을 발견했다. 스마트러닝도 마찬가지이다. 스마트기기 환경에 익숙한 젊은 세대들은 이러닝 환경에서보다 스마트러닝 학습환경에서 훨씬 더 빠르고 익숙하게 적응해 나갈 것이기 때문이다. 그러기 위해서는 이들을 위해 스마트러닝에서 구현 가능한 다양한 장치들이 마련되어야 하며, 특히 소셜기능이나 학습 성취동기를 높일 수 있는 기제, 게임적인 요소를 반영한 흥미요소와 같은 기능들이 대표적인 장치들이라고 볼 수 있다.

대부분 학습자들은 기업교육을 '싫지만 해야만 하는 과제'처럼 느끼고 있으며, 기업입장에서도 지금까지 다분히 공급자중심의 수동적 교육을 제공했던 것이 사실이다. 하지만 스마트러닝에서는 여기에 재미요소를 구현하기 위해 과정별로 트레일러를 제작하거나 주제전문가, 뉴스, 예고과정과 같은 흥미로운 스토리들을 수요자 입장에서 제공할 수 있다. 콘텐츠의 소비라는 측면에서 보면 스마트러닝이 영화나 음악 콘텐츠의 소비 촉진구조와 달라야 할 이유가 없다는 의미이다. 구체적으로는 기존과정이나 오픈 예정과정에 대한 트레일러 혹은 예고편 제공, 기존콘텐츠를 활용한 신규과정 제작기능, 오늘의 추천과정, 명강사 열전, 퀴즈게임, 추천베스트와 같이 다양한 이슈를 제공하는 메뉴와 함께 학습자가 학습활동을 하는 데 필요한 구체적이고 흥미있는 데이터와 스

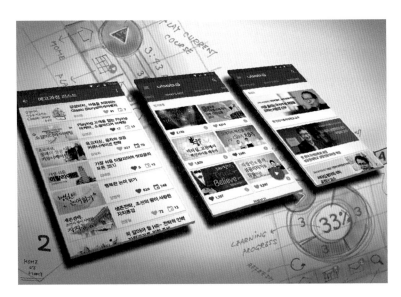

앞으로 스마트러닝에는 예고편, 인기순위, 명강사 열전과 같은 수요자를 위한 흥미요소가 계속 개발될 것이다.

토리를 풍부하게 제공해야 한다.

스마트러닝의 미래

잘 알려진 '롱테일'이론을 주창한 크리스 앤더슨(메이커스, 2013)은 새로운 산업혁명이라는 부제가 붙은 그의 저서에서 "이제 컴퓨터에서 인터넷을 거쳐 이어지는 스마트 혁명은 단순히 소셜이나 커머스와 같은 전통적인 커뮤니케이션이나 거래방식에서 벗어나 자신이 직접 제품이나 서비스를 만드는 시대로 접어들고 있다. 예전에는 아무도 상상하지 못했던 플랫폼이나 상품을 평범한 개인이 직접 제작하여 소호(SOHO)기업을 통해 백만장자가 되거나 혁신적인 기업가로 탄생하는 시대가 도래하고 있다"라고 얘기하고 있다.

스마트러닝 솔루션에서는 과거 이러닝에서는 꿈처럼 생각했던 콘텐츠 제작기능이 자유자재로 가능해짐으로써 HRD 담당자나 주제전문가, 심지어는 학습자 스스로가 자신들에게 필요한 콘텐츠들을 새로운 직종이나 직무에 맞는 맞춤형 과정형태로 쉽게 만들어서 사용할 수 있는 시대가 왔다는 것을 의미한다. 하나의 완성된 주제를 5~10분 이내의 표준화된 콘텐츠별 메타데이터와 빅데이터를 기반으로 과거에 도저히 구할 수 없었던 차별화된 맞춤 콘텐츠들을 무궁무진하게 새롭게 제작하여 활용할 수 있다는 것이다. 반대로 해석하면 모바일이나 클라우드, 빅데이터, 소셜 기능과 같은 현재의 지능형 시스템이 상호 협력해서 사람과 협업을 주도하는 산업인터넷 시대가 도래하면 단순히 현재와 같이 기업내부에만 의존하는 고립된 교육시스템으로는 새롭게 생겨나는 직종이나 직무에 대한 교육이 불가능해진다라는 의미이다. 따라서 스마트러닝은 산업내 사물과 인간이 소통하게 되는 산업인터넷, 사물인터넷 시대에 교육시스템이 반드시 지녀야 할 필수적인 기능이라고 볼 수 있다.

특히 산업인터넷 이전에 곧 다가올 스마트 워치 혹은 스마트 글라스와 같은 웨어러블 기기들이 본격적으로 확산되는 시기에는 현재 스마트러닝에서 다루고 있는 동영상 콘텐츠에서 한 단계 더 나아가 동영상과 음성, 음성과 음성 간을 자유자재로 넘나들 수 있는 새로운 UX, UI가 필요할 것이다. 2014년 10월 IDC(International Data Corporation) 예측자료에 따르면 향후 웨어러블 시장은 2013년 4백만대, 2015년 4천 5백만대를 거쳐 2019년에는 1억 3천만대를 넘어설 것으로 보고 있으며, 교육업계에서도 현실로 다가오는 웨어러블 시대에 적응하려면 스마트러닝 시스템 도입이 불가피할 것이다.

구글 회장인 에릭 슈미트(새로운 디지털시대, 2013)는 지금과 같은 속도로 기술발전이 이루어진다면 2025년 세계인구의 대부분인 약 80억명이 손바닥이나 몸에 걸친 스마트기기들로 소통할 것으로 내다 봤으며, 정보의 처리속도는 지금보다 64배나 빨라질 것이라고 예측하고 있다. 전례없는 속도로 세계가 연결되고 있다는 것은 그만큼 다양한 산업 내 사물과 인간이 콘텐츠를 통해 소통하는 기회가 증대된다는 사실을 의미하며, 이러한 변화에 적응하지 못하는 많은 시스템과 제도, 위계질서들은 결국 쓸모없는 것이 되고 말 것이라고 주장하고 있다. 이러한 측면에서도 HRD 담당자들이 스마트기기들을 중심으로 하는 현재의 교육솔루션과 콘텐츠, 그리고 서비스 체계를 어떻게 받아들이고 활용해 나갈 것인가에 대해 더 많은 고민이 필요하며, 이러한 변화와 혁신에 둔감한 기업들은 결국 가까운 미래에 더 많은 비용과 시간, 그리고 더 큰 위험을 감수할 수밖에 없을 것이다.

▼Le Grand Blue, 2013

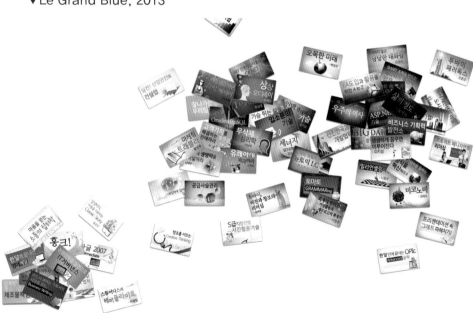

References

강금만, "스마트러닝으로 두 마리 토끼잡기." *월간HRD*, 한국HRD협회, 2014.4: 82-83.

강금만, "스마트러닝을 통한 WPL(WorkPlace Learning) 구현방안." *인사관리*, 한국인사관리협회, 2013.1, 86-87.

강금만, "이제는 실시간으로 손안에서 학습관리하세요." *월간HRD*, 한국HRD 협회, 2014.8: 96-98.

강희영, "안전행정부: 스마트한 공무원 교육의 시작 Mobile Learning." *인사관리*, 한국인사관리협회, 2014.1: 94-95.

덴츠이지스 교육팀, "Dentsu-Aegis Network, Arouse the HULK in you, NOW!: 스마트러닝을 통한 기존 HRD 학습방식 탈피." *월간HRD*, 한국HRD협회, 2014.9: 44-45.

도해밀, "신세계조선호텔 스마트러닝, 다채로우면서도 자연스러운 스마트러닝 구축." *인사관리*, 한국인사관리협회, 2014.10: 86-88.

류한정, "스마트러닝과 교수설계." *인사관리*, 한국인사관리협회, 2013.2: 76-77.

BGF리테일 교육팀, "BGF리테일, '스마트러닝'으로 직원역량 높이고 소통도 높였다." *The HR*, 잡코리아 좋은일 연구소, Vol.48, Winter 2014.

백상기, "유한킴벌리: 스마트러닝 구성원과 가족까지 자유롭게 학습가능한 '모바일 지식카페'." *인사관리*, 한국인사관리협회, 2013.3: 86-89.

백상기, "유한킴벌리, 스마트러닝으로 생산직과 사무직 간의 학습시간 불균형 해소: 스마트워크 환경 속에서의 스마트러닝." *월간HRD*, 한국HRD협회, 2014.9: 46-47.

백승익, "아워홈: 일터학습, 적시학습, 자기주도학습의 스마트러닝." 월간HRD, 한국HRD협회, 2014.2: 100-102.

송영수, "스마트러닝! 선택인가 필수인가." 월간HRD, 한국HRD협회, 2014.9: 26-27.

송영수, "스마트러닝 시대! 패러다임 전환과 변화과제." 인사관리, 한국인사관리협회, 2012.10: 12-14.

송영수, "상시위기시대의 HRD 선택과 전략." 인재경영, 에듀윌, 2015.4: 47-49.

송영수, "스마트러닝의 전략적 의의와 HRD 담당자의 역할 변화." 인사관리, 한국인사관리협회, 2015.7: 73-75.

송영수, "뉴 노멀 시대의 HRD, 3A Agility-Adaptation-Ability 로 접근해야." 인사관리, 한국인사관리협회, 2015.1: 29-31.

SC은행 교육팀, "스탠다드차타드은행, 이러닝과 모바일러닝 두 마리 토끼를 잡다: 지식경영과의 접목을 시도한 스마트러닝." 월간HRD, 한국HRD협회, 2014.9: 42-43.

LG생활건강 교육팀, "LG생활건강, 레몬처럼 상큼한 LG생활건강 스마트러닝: 솔루션은 외부위탁, 콘텐츠는 자체제작." 월간HRD, 한국HRD협회, 2014.9: 40-41.

이성신, "비씨카드: 자기주도형 학습지원 플랫폼 '스마트러닝'." 인사관리, 한국인사관리협회, 2013.5, 83-85.

이주현, "스마트러닝과 LCMS 설계방안." 인사관리, 한국인사관리협회, 2012.12: 74-75.

이찬, "HRD 트렌드는 '재미' 스마트러닝 트렌드는 '빅데이터'." 월간HRD, 한국HRD협회, 2014.9: 28-29.

이찬, "조직 활성화에서부터 A.I를 접목, 스마트러닝은 자기주도적 학습 견인해야." 월간HRD, 한국HRD협회, 2014.1: 48-49.

이찬, "2013 ASTD를 통해 살펴본 해외 선진기업의 스마트러닝." 인사관리, 한국인사관리협회, 2013.7: 72-73.

이찬, "스마트기업(Smart Enterprise)을 위한 스마트러닝(Smart Learning) 성과분석." 인사관리, 한국인사관리협회, 2014.10: 82-85.

이찬, "스마트러닝의 확산과 주요 키워드." 인사관리, 한국인사관리협회, 2015.6: 79-81.

이화숙, "윤선생: 스마트러닝-창조적 성과창출의 기반 스마트러닝." *인사관리*, 한국인사관리협회, 2012.10: 86-88.

인더스트리미디어, "2014 스마트러닝은 어디에?: 스마트러닝의 배경과 흐름." *월간HRD*, 한국HRD협회, 2014.9: 52-55.

인더스트리미디어, "ubob 2015 디자인과 기능소개." *A guide to Smart Learning 2015*, ㈜인더스트리미디어, 2014.10: 64-79.

임준철, "스마트러닝, 기업 HRD담당자들의 과제와 전망." *월간HRD*, 한국 HRD협회, 2014.9: 56-59.

임준철, "2012 한국기업의 스마트러닝 실태분석." *인사관리*, 한국인사관리협 회, 2012.9: 56-58.

임준철, "Learner-Centered:빅데이터에 기반한 스마트러닝." *월간HRD*, 한국 HRD협회, 2013.12: 50-51.

임준철, "스마트러닝 시스템의 구축방안." *인사관리*, 한국인사관리협회, 2012.7: 72-73.

임준철, "스마트러닝 활성화방안." *인사관리*, 한국인사관리협회, 2012.8: 92-93.

임준철, "왜 지금 스마트러닝인가?." *인사관리*, 한국인사관리협회, 2012.6: 17.

전재욱, "외국에서도 스마트러닝이 화제다." *월간HRD*, 한국HRD협회, 2014.9: 34-39.

전재욱, "I사의 스마트러닝 개발사례." *인사관리*, 한국인사관리협회, 2015.8: 79-81.

천호식품 교육팀, "천호식품, 새장의 문을 열어둔다고 해도 행복한 새는 날아가 지 않는다: 소통의 또 다른 장, 즐거운 스마트러닝 생활." *월간HRD*, 한국HRD협회, 2014.9: 48-49.

채석, "스마트러닝과 빅데이터." *인사관리*, 한국인사관리협회, 2012. 11: 50-51.

채석, "한국기업의 스마트러닝 성과분석" *인사관리*, 한국인사관리협회, 2013.6: 76-78.

한국IBM 교육팀, "한국IBM, 스마터 플래닛, 그 실천을 위한 스마트러닝: 학습 참여율의 대폭적 증가를 가져온 한국IBM의 스마트러닝." *월간HRD*, 한국HRD협회, 2014.9: 50-51.

▼A Souvenir, 2013